全国普法学习读本
★ ★ ★ ★ ★

行政与科技法律法规读本

电子通信法律法规学习读本
电子通信综合法律法规

叶浦芳 主编

图书在版编目（CIP）数据

电子通信综合法律法规／叶浦芳主编. -- 汕头：汕头大学出版社（2021.7重印）

（电子通信法律法规学习读本）

ISBN 978-7-5658-3572-8

Ⅰ. ①电… Ⅱ. ①叶… Ⅲ. ①电信-法律-中国-学习参考资料 Ⅳ. ①D922.296.4

中国版本图书馆 CIP 数据核字（2018）第 078976 号

电子通信综合法律法规　DIANZI TONGXIN ZONGHE FALÜ FAGUI

主　　编：	叶浦芳
责任编辑：	邹　峰
责任技编：	黄东生
封面设计：	大华文苑
出版发行：	汕头大学出版社
	广东省汕头市大学路 243 号汕头大学校园内　邮政编码：515063
电　　话：	0754-82904613
印　　刷：	三河市南阳印刷有限公司
开　　本：	690mm×960mm　1/16
印　　张：	18
字　　数：	226 千字
版　　次：	2018 年 5 月第 1 版
印　　次：	2021 年 7 月第 2 次印刷
定　　价：	59.60 元（全 2 册）

ISBN 978-7-5658-3572-8

版权所有，翻版必究

如发现印装质量问题，请与承印厂联系退换

前　言

习近平总书记指出："推进全民守法，必须着力增强全民法治观念。要坚持把全民普法和守法作为依法治国的长期基础性工作，采取有力措施加强法制宣传教育。要坚持法治教育从娃娃抓起，把法治教育纳入国民教育体系和精神文明创建内容，由易到难、循序渐进不断增强青少年的规则意识。要健全公民和组织守法信用记录，完善守法诚信褒奖机制和违法失信行为惩戒机制，形成守法光荣、违法可耻的社会氛围，使遵法守法成为全体人民共同追求和自觉行动。"

中共中央、国务院曾经转发了中央宣传部、司法部关于在公民中开展法治宣传教育的规划，并发出通知，要求各地区各部门结合实际认真贯彻执行。通知指出，全民普法和守法是依法治国的长期基础性工作。深入开展法治宣传教育，是全面建成小康社会和新农村的重要保障。

普法规划指出：各地区各部门要根据实际需要，从不同群体的特点出发，因地制宜开展有特色的法治宣传教育坚持集中法治宣传教育与经常性法治宣传教育相结合，深化法律进机关、进乡村、进社区、进学校、进企业、进单位的"法律六进"主题活动，完善工作标准，建立长效机制。

特别是农业、农村和农民问题，始终是关系党和人民事业发展的全局性和根本性问题。党中央、国务院发布的《关于推进社会主义新农村建设的若干意见》中明确提出要"加强农村法制建设，深入开展农村普法教育，增强农民的法制观念，提高农民依法行使权利和履行义务的自觉性。"多年普法实践证明，普及法律知识，提高法制观念,增强全社会依法办事意识具有重要作用。特别是在广大农村进行普法教育,是提高全民法律素质的需要。

多年来,我国在农村实行的改革开放取得了极大成功,农村发生了翻天覆地的变化,广大农民生活水平大大得到了提高。但是,由于历史和社会等原因,现阶段我国一些地区农民文化素质还不高,不学法、不懂法、不守法现象虽然较原来有所改变,但仍有相当一部分群众的法制观念仍很淡化,不懂、不愿借助法律来保护自身权益,这就极易受到不法的侵害,或极易进行违法犯罪活动,严重阻碍了全面建成小康社会和新农村步伐。

为此,根据党和政府的指示精神以及普法规划,特别是根据广大农村农民的现状,在有关部门和专家的指导下,特别编辑了这套《全国普法学习读本》。主要包括了广大人民群众应知应懂、实际实用的法律法规。为了辅导学习,附录还收入了相应法律法规的条例准则、实施细则、解读解答、案例分析等;同时为了突出法律法规的实际实用特点,兼顾地方性和特殊性,附录还收入了部分某些地方性法律法规以及非法律法规的政策文件、管理制度、应用表格等内容,拓展了本书的知识范围,使法律法规更"接地气",便于读者学习掌握和实际应用。

在众多法律法规中,我们通过甄别,淘汰了废止的,精选了最新的、权威的和全面的。但有部分法律法规有些条款不适应当下情况了,却没有颁布新的,我们又不能擅自改动,只得保留原有条款,但附录却有相应的补充修改意见或通知等。众多法律法规根据不同内容和受众特点,经过归类组合,优化配套。整套普法读本非常全面系统,具有很强的学习性、实用性和指导性,非常适合用于广大农村和城乡普法学习教育与实践指导。总之,是全国全民普法的良好读本。

目 录

中华人民共和国电信条例

第一章　总　则 …………………………………………… (1)
第二章　电信市场 ………………………………………… (2)
第三章　电信服务 ………………………………………… (7)
第四章　电信建设 ………………………………………… (11)
第五章　电信安全 ………………………………………… (13)
第六章　罚　则 …………………………………………… (15)
第七章　附　则 …………………………………………… (18)

附　录
　公用电信网间互联管理规定 …………………………… (19)
　电信用户申诉处理办法 ………………………………… (31)
　通信网络安全防护管理办法 …………………………… (37)
　通信短信息服务管理规定 ……………………………… (42)
　即时通信工具公众信息服务发展管理暂行规定 ……… (49)
　电话用户真实身份信息登记规定 ……………………… (51)
　移动电话机商品修理更换退货责任规定 ……………… (56)
　固定电话机商品修理更换退货责任规定 ……………… (66)
　关于进一步整治手机"吸费"问题的通知 …………… (76)
　工业和信息化部关于进一步扩大宽带接入网业务开放
　　试点范围的通告 ……………………………………… (79)
　关于防范和打击电信网络诈骗犯罪的通告 …………… (80)

工业和信息化部关于进一步防范和打击通讯信息诈骗工作的
　　实施意见 ……………………………………………………（83）
最高人民法院、最高人民检察院、公安部关于办理
　　电信网络诈骗等刑事案件适用法律若干问题的意见 ……（94）

中华人民共和国电子签名法

第一章　总　则 ……………………………………………（104）
第二章　数据电文 …………………………………………（105）
第三章　电子签名与认证 …………………………………（107）
第四章　法律责任 …………………………………………（109）
第五章　附　则 ……………………………………………（111）
附　录
　　电子认证服务管理办法 ………………………………（112）
　　电子认证服务密码管理办法 …………………………（120）
　　关于专利电子申请的规定 ……………………………（124）

旧电器电子产品流通管理办法

旧电器电子产品流通管理办法 ……………………………（127）

电器电子产品有害物质限制使用管理办法

第一章　总　则 ……………………………………………（132）
第二章　电器电子产品有害物质限制使用 ………………（134）
第三章　罚　则 ……………………………………………（136）
第四章　附　则 ……………………………………………（138）

中华人民共和国电信条例

中华人民共和国国务院令

第 291 号

《中华人民共和国电信条例》已经 2000 年 9 月 20 日国务院第 31 次常务会议通过，现予公布施行。

总理　朱镕基

二○○○年九月二十五日

（2000 年 9 月 25 日中华人民共和国国务院令第 291 号公布；根据 2014 年 7 月 29 日《国务院关于修改部分行政法规的决定》修订；根据 2016 年 2 月 6 日《国务院关于修改部分行政法规的决定》第二次修正）

第一章　总　　则

第一条　为了规范电信市场秩序，维护电信用户和电信业务经营者的合法权益，保障电信网络和信息的安全，促进电信业的健康发展，制定本条例。

第二条 在中华人民共和国境内从事电信活动或者与电信有关的活动，必须遵守本条例。

本条例所称电信，是指利用有线、无线的电磁系统或者光电系统，传送、发射或者接收语音、文字、数据、图像以及其他任何形式信息的活动。

第三条 国务院信息产业主管部门依照本条例的规定对全国电信业实施监督管理。

省、自治区、直辖市电信管理机构在国务院信息产业主管部门的领导下，依照本条例的规定对本行政区域内的电信业实施监督管理。

第四条 电信监督管理遵循政企分开、破除垄断、鼓励竞争、促进发展和公开、公平、公正的原则。

电信业务经营者应当依法经营，遵守商业道德，接受依法实施的监督检查。

第五条 电信业务经营者应当为电信用户提供迅速、准确、安全、方便和价格合理的电信服务。

第六条 电信网络和信息的安全受法律保护。任何组织或者个人不得利用电信网络从事危害国家安全、社会公共利益或者他人合法权益的活动。

第二章　　电信市场

第一节　　电信业务许可

第七条 国家对电信业务经营按照电信业务分类，实行许可制度。

经营电信业务，必须依照本条例的规定取得国务院信息产业主管部门或者省、自治区、直辖市电信管理机构颁发的电信业务经营许可证。

未取得电信业务经营许可证，任何组织或者个人不得从事电信业务经营活动。

第八条　电信业务分为基础电信业务和增值电信业务。

基础电信业务，是指提供公共网络基础设施、公共数据传送和基本话音通信服务的业务。增值电信业务，是指利用公共网络基础设施提供的电信与信息服务的业务。

电信业务分类的具体划分在本条例所附的《电信业务分类目录》中列出。国务院信息产业主管部门根据实际情况，可以对目录所列电信业务分类项目作局部调整，重新公布。

第九条　经营基础电信业务，须经国务院信息产业主管部门审查批准，取得《基础电信业务经营许可证》。

经营增值电信业务，业务覆盖范围在两个以上省、自治区、直辖市的，须经国务院信息产业主管部门审查批准，取得《跨地区增值电信业务经营许可证》；业务覆盖范围在一个省、自治区、直辖市行政区域内的，须经省、自治区、直辖市电信管理机构审查批准，取得《增值电信业务经营许可证》。

运用新技术试办《电信业务分类目录》未列出的新型电信业务的，应当向省、自治区、直辖市电信管理机构备案。

第十条　经营基础电信业务，应当具备下列条件：

（一）经营者为依法设立的专门从事基础电信业务的公司，且公司中国有股权或者股份不少于51%；

（二）有可行性研究报告和组网技术方案；

（三）有与从事经营活动相适应的资金和专业人员；

（四）有从事经营活动的场地及相应的资源；

（五）有为用户提供长期服务的信誉或者能力；

（六）国家规定的其他条件。

第十一条　申请经营基础电信业务，应当向国务院信息产业主管部门提出申请，并提交本条例第十条规定的相关文件。国务院信息产业主管部门应当自受理申请之日起180日内审查完毕，作出批准或者不予批准的决定。予以批准的，颁发《基础电信业务经营许可证》；不予批准的，应当书面通知申请人并说明理由。

第十二条　国务院信息产业主管部门审查经营基础电信业务的申请时，应当考虑国家安全、电信网络安全、电信资源可持续利用、环境保护和电信市场的竞争状况等因素。

颁发《基础电信业务经营许可证》，应当按照国家有关规定采用招标方式。

第十三条　经营增值电信业务，应当具备下列条件：

（一）经营者为依法设立的公司；
（二）有与开展经营活动相适应的资金和专业人员；
（三）有为用户提供长期服务的信誉或者能力；
（四）国家规定的其他条件。

第十四条　申请经营增值电信业务，应当根据本条例第九条第二款的规定，向国务院信息产业主管部门或者省、自治区、直辖市电信管理机构提出申请，并提交本条例第十三条规定的相关文件。申请经营的增值电信业务，按照国家有关规定须经有关主管部门审批的，还应当提交有关主管部门审核同意的文件。国务院信息产业主管部门或者省、自治区、直辖市电信管理机构应当自收到申请之日起60日内审查完毕，作出批准或者不予批准的决定。予以批准的，颁发《跨地区增值电信业务经营许可证》或者《增值电信业务经营许可证》；不予批准的，应当书面通知申请人并说明理由。

第十五条　电信业务经营者在经营过程中，变更经营主体、业务范围或者停止经营的，应当提前90日向原颁发许可证的机关提出申请，并办理相应手续；停止经营的，还应当按照国家有关规定做好善后工作。

第十六条 专用电信网运营单位在所在地区经营电信业务的,应当依照本条例规定的条件和程序提出申请,经批准,取得电信业务经营许可证。

第二节 电信网间互联

第十七条 电信网之间应当按照技术可行、经济合理、公平公正、相互配合的原则,实现互联互通。

主导的电信业务经营者不得拒绝其他电信业务经营者和专用网运营单位提出的互联互通要求。

前款所称主导的电信业务经营者,是指控制必要的基础电信设施并且在电信业务市场中占有较大份额,能够对其他电信业务经营者进入电信业务市场构成实质性影响的经营者。

主导的电信业务经营者由国务院信息产业主管部门确定。

第十八条 主导的电信业务经营者应当按照非歧视和透明化的原则,制定包括网间互联的程序、时限、非捆绑网络元素目录等内容的互联规程。互联规程应当报国务院信息产业主管部门审查同意。该互联规程对主导的电信业务经营者的互联互通活动具有约束力。

第十九条 公用电信网之间、公用电信网与专用电信网之间的网间互联,由网间互联双方按照国务院信息产业主管部门的网间互联管理规定进行互联协商,并订立网间互联协议。

第二十条 网间互联双方经协商未能达成网间互联协议的,自一方提出互联要求之日起60日内,任何一方均可以按照网间互联覆盖范围向国务院信息产业主管部门或者省、自治区、直辖市电信管理机构申请协调;收到申请的机关应当依照本条例第十七条第一款规定的原则进行协调,促使网间互联双方达成协议;自网间互联一方或者双方申请协调之日起45日内经协调仍不能达成协议的,由协调机关随机邀请电信技术专家和其他有关方面专家进行公开论证并提出网间互联方案。协调机关应当根据专家论证结论和提出的网间互联方案作出决定,强制实现互联互通。

第二十一条 网间互联双方必须在协议约定或者决定规定的时限内实现互联互通。遵守网间互联协议和国务院信息产业主管部门的相关规定,保障网间通信畅通,任何一方不得擅自中断互联互通。网间互联遇有通信技术障碍的,双方应当立即采取有效措施予以消除。网间互联双方在互联互通中发生争议的,依照本条例第二十条规定的程序和办法处理。

网间互联的通信质量应当符合国家有关标准。主导的电信业务经营者向其他电信业务经营者提供网间互联,服务质量不得低于本网内的同类业务及向其子公司或者分支机构提供的同类业务质量。

第二十二条 网间互联的费用结算与分摊应当执行国家有关规定,不得在规定标准之外加收费用。

网间互联的技术标准、费用结算办法和具体管理规定,由国务院信息产业主管部门制定。

第三节 电信资费

第二十三条 电信资费实行市场调节价。电信业务经营者应当统筹考虑生产经营成本、电信市场供求状况等因素,合理确定电信业务资费标准。

第二十四条 国家依法加强对电信业务经营者资费行为的监管,建立健全监管规则,维护消费者合法权益。

第二十五条 电信业务经营者应当根据国务院信息产业主管部门和省、自治区、直辖市电信管理机构的要求,提供准确、完备的业务成本数据及其他有关资料。

第四节 电信资源

第二十六条 国家对电信资源统一规划、集中管理、合理分配，实行有偿使用制度。

前款所称电信资源，是指无线电频率、卫星轨道位置、电信网码号等用于实现电信功能且有限的资源。

第二十七条 电信业务经营者占有、使用电信资源，应当缴纳电信资源费。具体收费办法由国务院信息产业主管部门会同国务院财政部门、价格主管部门制定，报国务院批准后公布施行。

第二十八条 电信资源的分配，应当考虑电信资源规划、用途和预期服务能力。

分配电信资源，可以采取指配的方式，也可以采用拍卖的方式。

取得电信资源使用权的，应当在规定的时限内启用所分配的资源，并达到规定的最低使用规模。未经国务院信息产业主管部门或者省、自治区、直辖市电信管理机构批准，不得擅自使用、转让、出租电信资源或者改变电信资源的用途。

第二十九条 电信资源使用者依法取得电信网码号资源后，主导的电信业务经营者和其他有关单位有义务采取必要的技术措施，配合电信资源使用者实现其电信网码号资源的功能。

法律、行政法规对电信资源管理另有特别规定的，从其规定。

第三章 电信服务

第三十条 电信业务经营者应当按照国家规定的电信服务标准向电信用户提供服务。电信业务经营者提供服务的种类、范围、资费标准和时限，应当向社会公布，并报省、自治区、直辖市电信管理机构备案。

电信用户有权自主选择使用依法开办的各类电信业务。

第三十一条 电信用户申请安装、移装电信终端设备的,电信业务经营者应当在其公布的时限内保证装机开通;由于电信业务经营者的原因逾期未能装机开通的,应当每日按照收取的安装费、移装费或者其他费用数额1%的比例,向电信用户支付违约金。

第三十二条 电信用户申告电信服务障碍的,电信业务经营者应当自接到申告之日起,城镇48小时、农村72小时内修复或者调通;不能按期修复或者调通的,应当及时通知电信用户,并免收障碍期间的月租费用。但是,属于电信终端设备的原因造成电信服务障碍的除外。

第三十三条 电信业务经营者应当为电信用户交费和查询提供方便。电信用户要求提供国内长途通信、国际通信、移动通信和信息服务等收费清单的,电信业务经营者应当免费提供。

电信用户出现异常的巨额电信费用时,电信业务经营者一经发现,应当尽可能迅速告知电信用户,并采取相应的措施。

前款所称巨额电信费用,是指突然出现超过电信用户此前3个月平均电信费用5倍以上的费用。

第三十四条 电信用户应当按照约定的时间和方式及时、足额地向电信业务经营者交纳电信费用;电信用户逾期不交纳电信费用的,电信业务经营者有权要求补交电信费用,并可以按照所欠费用每日加收3‰的违约金。

对超过收费约定期限30日仍不交纳电信费用的电信用户,电信业务经营者可以暂停向其提供电信服务。电信用户在电信业务经营者暂停服务60日内仍未补交电信费用和违约金的,电信业务经营者可以终止提供服务,并可以依法追缴欠费和违约金。

经营移动电信业务的经营者可以与电信用户约定交纳电信费用的期限、方式,不受前款规定期限的限制。

电信业务经营者应当在迟延交纳电信费用的电信用户补足电信

费用、违约金后的 48 小时内，恢复暂停的电信服务。

第三十五条 电信业务经营者因工程施工、网络建设等原因，影响或者可能影响正常电信服务的，必须按照规定的时限及时告知用户，并向省、自治区、直辖市电信管理机构报告。

因前款原因中断电信服务的，电信业务经营者应当相应减免用户在电信服务中断期间的相关费用。

出现本条第一款规定的情形，电信业务经营者未及时告知用户的，应当赔偿由此给用户造成的损失。

第三十六条 经营本地电话业务和移动电话业务的电信业务经营者，应当免费向用户提供火警、匪警、医疗急救、交通事故报警等公益性电信服务并保障通信线路畅通。

第三十七条 电信业务经营者应当及时为需要通过中继线接入其电信网的集团用户，提供平等、合理的接入服务。

未经批准，电信业务经营者不得擅自中断接入服务。

第三十八条 电信业务经营者应当建立健全内部服务质量管理制度，并可以制定并公布施行高于国家规定的电信服务标准的企业标准。

电信业务经营者应当采取各种形式广泛听取电信用户意见，接受社会监督，不断提高电信服务质量。

第三十九条 电信业务经营者提供的电信服务达不到国家规定的电信服务标准或者其公布的企业标准的，或者电信用户对交纳电信费用持有异议的，电信用户有权要求电信业务经营者予以解决；电信业务经营者拒不解决或者电信用户对解决结果不满意的，电信用户有权向国务院信息产业主管部门或者省、自治区、直辖市电信管理机构或者其他有关部门申诉。收到申诉的机关必须对申诉及时处理，并自收到申诉之日起 30 日内向申诉者作出答复。

电信用户对交纳本地电话费用有异议的，电信业务经营者还应当应电信用户的要求免费提供本地电话收费依据，并有义务采取必要措施协助电信用户查找原因。

第四十条 电信业务经营者在电信服务中,不得有下列行为:

(一) 以任何方式限定电信用户使用其指定的业务;

(二) 限定电信用户购买其指定的电信终端设备或者拒绝电信用户使用自备的已经取得入网许可的电信终端设备;

(三) 无正当理由拒绝、拖延或者中止对电信用户的电信服务;

(四) 对电信用户不履行公开作出的承诺或者作容易引起误解的虚假宣传;

(五) 以不正当手段刁难电信用户或者对投诉的电信用户打击报复。

第四十一条 电信业务经营者在电信业务经营活动中,不得有下列行为:

(一) 以任何方式限制电信用户选择其他电信业务经营者依法开办的电信服务;

(二) 对其经营的不同业务进行不合理的交叉补贴;

(三) 以排挤竞争对手为目的,低于成本提供电信业务或者服务,进行不正当竞争。

第四十二条 国务院信息产业主管部门或者省、自治区、直辖市电信管理机构应当依据职权对电信业务经营者的电信服务质量和经营活动进行监督检查,并向社会公布监督抽查结果。

第四十三条 电信业务经营者必须按照国家有关规定履行相应的电信普遍服务义务。

国务院信息产业主管部门可以采取指定的或者招标的方式确定电信业务经营者具体承担电信普遍服务的义务。

电信普遍服务成本补偿管理办法,由国务院信息产业主管部门会同国务院财政部门、价格主管部门制定,报国务院批准后公布施行。

第四章 电信建设

第一节 电信设施建设

第四十四条 公用电信网、专用电信网、广播电视传输网的建设应当接受国务院信息产业主管部门的统筹规划和行业管理。

属于全国性信息网络工程或者国家规定限额以上建设项目的公用电信网、专用电信网、广播电视传输网建设，在按照国家基本建设项目审批程序报批前，应当征得国务院信息产业主管部门同意。

基础电信建设项目应当纳入地方各级人民政府城市建设总体规划和村镇、集镇建设总体规划。

第四十五条 城市建设和村镇、集镇建设应当配套设置电信设施。建筑物内的电信管线和配线设施以及建设项目用地范围内的电信管道，应当纳入建设项目的设计文件，并随建设项目同时施工与验收。所需经费应当纳入建设项目概算。

有关单位或者部门规划、建设道路、桥梁、隧道或者地下铁道等，应当事先通知省、自治区、直辖市电信管理机构和电信业务经营者，协商预留电信管线等事宜。

第四十六条 基础电信业务经营者可以在民用建筑物上附挂电信线路或者设置小型天线、移动通信基站等公用电信设施，但是应当事先通知建筑物产权人或者使用人，并按照省、自治区、直辖市人民政府规定的标准向该建筑物的产权人或者其他权利人支付使用费。

第四十七条 建设地下、水底等隐蔽电信设施和高空电信设施，应当按照国家有关规定设置标志。

基础电信业务经营者建设海底电信缆线，应当征得国务院信息产业主管部门同意，并征求有关部门意见后，依法办理有关手续。海底电信缆线由国务院有关部门在海图上标出。

第四十八条 任何单位或者个人不得擅自改动或者迁移他人的电信线路及其他电信设施；遇有特殊情况必须改动或者迁移的，应当征得该电信设施产权人同意，由提出改动或者迁移要求的单位或者个人承担改动或者迁移所需费用，并赔偿由此造成的经济损失。

第四十九条 从事施工、生产、种植树木等活动，不得危及电信线路或者其他电信设施的安全或者妨碍线路畅通；可能危及电信安全时，应当事先通知有关电信业务经营者，并由从事该活动的单位或者个人负责采取必要的安全防护措施。

违反前款规定，损害电信线路或者其他电信设施或者妨碍线路畅通的，应当恢复原状或者予以修复，并赔偿由此造成的经济损失。

第五十条 从事电信线路建设，应当与已建的电信线路保持必要的安全距离；难以避开或者必须穿越，或者需要使用已建电信管道的，应当与已建电信线路的产权人协商，并签订协议；经协商不能达成协议的，根据不同情况，由国务院信息产业主管部门或者省、自治区、直辖市电信管理机构协调解决。

第五十一条 任何组织或者个人不得阻止或者妨碍基础电信业务经营者依法从事电信设施建设和向电信用户提供公共电信服务；但是，国家规定禁止或者限制进入的区域除外。

第五十二条 执行特殊通信、应急通信和抢修、抢险任务的电信车辆，经公安交通管理机关批准，在保障交通安全畅通的前提下可以不受各种禁止机动车通行标志的限制。

第二节 电信设备进网

第五十三条 国家对电信终端设备、无线电通信设备和涉及网间互联的设备实行进网许可制度。

接入公用电信网的电信终端设备、无线电通信设备和涉及网间互联的设备，必须符合国家规定的标准并取得进网许可证。

实行进网许可制度的电信设备目录，由国务院信息产业主管部门会同国务院产品质量监督部门制定并公布施行。

第五十四条 办理电信设备进网许可证的，应当向国务院信息产业主管部门提出申请，并附送经国务院产品质量监督部门认可的电信设备检测机构出具的检测报告或者认证机构出具的产品质量认证证书。

国务院信息产业主管部门应当自收到电信设备进网许可申请之日起 60 日内，对申请及电信设备检测报告或者产品质量认证证书审查完毕。经审查合格的，颁发进网许可证；经审查不合格的，应当书面答复并说明理由。

第五十五条 电信设备生产企业必须保证获得进网许可的电信设备的质量稳定、可靠，不得降低产品质量和性能。

电信设备生产企业应当在其生产的获得进网许可的电信设备上粘贴进网许可标志。

国务院产品质量监督部门应当会同国务院信息产业主管部门对获得进网许可证的电信设备进行质量跟踪和监督抽查，公布抽查结果。

第五章　电信安全

第五十六条 任何组织或者个人不得利用电信网络制作、复制、发布、传播含有下列内容的信息：

（一）反对宪法所确定的基本原则的；

（二）危害国家安全，泄露国家秘密，颠覆国家政权，破坏国家统一的；

（三）损害国家荣誉和利益的；

（四）煽动民族仇恨、民族歧视，破坏民族团结的；

（五）破坏国家宗教政策，宣扬邪教和封建迷信的；

（六）散布谣言，扰乱社会秩序，破坏社会稳定的；

（七）散布淫秽、色情、赌博、暴力、凶杀、恐怖或者教唆犯罪的；

（八）侮辱或者诽谤他人，侵害他人合法权益的；

（九）含有法律、行政法规禁止的其他内容的。

第五十七条　任何组织或者个人不得有下列危害电信网络安全和信息安全的行为：

（一）对电信网的功能或者存储、处理、传输的数据和应用程序进行删除或者修改；

（二）利用电信网从事窃取或者破坏他人信息、损害他人合法权益的活动；

（三）故意制作、复制、传播计算机病毒或者以其他方式攻击他人电信网络等电信设施；

（四）危害电信网络安全和信息安全的其他行为。

第五十八条　任何组织或者个人不得有下列扰乱电信市场秩序的行为：

（一）采取租用电信国际专线、私设转接设备或者其他方法，擅自经营国际或者香港特别行政区、澳门特别行政区和台湾地区电信业务；

（二）盗接他人电信线路，复制他人电信码号，使用明知是盗接、复制的电信设施或者码号；

（三）伪造、变造电话卡及其他各种电信服务有价凭证；

（四）以虚假、冒用的身份证件办理入网手续并使用移动电话。

第五十九条　电信业务经营者应当按照国家有关电信安全的规定，建立健全内部安全保障制度，实行安全保障责任制。

第六十条　电信业务经营者在电信网络的设计、建设和运行中，应当做到与国家安全和电信网络安全的需求同步规划，同步建设，同步运行。

第六十一条　在公共信息服务中，电信业务经营者发现电信网络中传输的信息明显属于本条例第五十六条所列内容的，应当立即停止传输，保存有关记录，并向国家有关机关报告。

第六十二条　使用电信网络传输信息的内容及其后果由电信用户负责。

电信用户使用电信网络传输的信息属于国家秘密信息的，必须依照保守国家秘密法的规定采取保密措施。

第六十三条　在发生重大自然灾害等紧急情况下，经国务院批准，国务院信息产业主管部门可以调用各种电信设施，确保重要通信畅通。

第六十四条　在中华人民共和国境内从事国际通信业务，必须通过国务院信息产业主管部门批准设立的国际通信出入口局进行。

我国内地与香港特别行政区、澳门特别行政区和台湾地区之间的通信，参照前款规定办理。

第六十五条　电信用户依法使用电信的自由和通信秘密受法律保护。除因国家安全或者追查刑事犯罪的需要，由公安机关、国家安全机关或者人民检察院依照法律规定的程序对电信内容进行检查外，任何组织或者个人不得以任何理由对电信内容进行检查。

电信业务经营者及其工作人员不得擅自向他人提供电信用户使用电信网络所传输信息的内容。

第六章　罚　　则

第六十六条　违反本条例第五十六条、第五十七条的规定，构成犯罪的，依法追究刑事责任；尚不构成犯罪的，由公安机关、国家安全机关依照有关法律、行政法规的规定予以处罚。

第六十七条　有本条例第五十八条第（二）、（三）、（四）项所列行为之一，扰乱电信市场秩序，构成犯罪的，依法追究刑事责任；尚不构成犯罪的，由国务院信息产业主管部门或者省、自治区、直辖市电信管理机构依据职权责令改正，没收违法所得，处违法所得3倍以上5倍以下罚款；没有违法所得或者违法所得不足1万元的，处1万元以上10万元以下罚款。

第六十八条 违反本条例的规定，伪造、冒用、转让电信业务经营许可证、电信设备进网许可证或者编造在电信设备上标注的进网许可证编号的，由国务院信息产业主管部门或者省、自治区、直辖市电信管理机构依据职权没收违法所得，处违法所得3倍以上5倍以下罚款；没有违法所得或者违法所得不足1万元的，处1万元以上10万元以下罚款。

第六十九条 违反本条例规定，有下列行为之一的，由国务院信息产业主管部门或者省、自治区、直辖市电信管理机构依据职权责令改正，没收违法所得，处违法所得3倍以上5倍以下罚款；没有违法所得或者违法所得不足5万元的，处10万元以上100万元以下罚款；情节严重的，责令停业整顿：

（一）违反本条例第七条第三款的规定或者有本条例第五十八条第（一）项所列行为，擅自经营电信业务的，或者超范围经营电信业务的；

（二）未通过国务院信息产业主管部门批准，设立国际通信出入口进行国际通信的；

（三）擅自使用、转让、出租电信资源或者改变电信资源用途的；

（四）擅自中断网间互联互通或者接入服务的；

（五）拒不履行普遍服务义务的。

第七十条 违反本条例的规定，有下列行为之一的，由国务院信息产业主管部门或者省、自治区、直辖市电信管理机构依据职权责令改正，没收违法所得，处违法所得1倍以上3倍以下罚款；没有违法所得或者违法所得不足1万元的，处1万元以上10万元以下罚款；情节严重的，责令停业整顿：

（一）在电信网间互联中违反规定加收费用的；

（二）遇有网间通信技术障碍，不采取有效措施予以消除的；

（三）擅自向他人提供电信用户使用电信网络所传输信息的内容的；

（四）拒不按照规定缴纳电信资源使用费的。

第七十一条 违反本条例第四十一条的规定，在电信业务经营活动中进行不正当竞争的，由国务院信息产业主管部门或者省、自治区、直辖市电信管理机构依据职权责令改正，处10万元以上100万元以下罚款；情节严重的，责令停业整顿。

第七十二条 违反本条例的规定，有下列行为之一的，由国务院信息产业主管部门或者省、自治区、直辖市电信管理机构依据职权责令改正，处5万元以上50万元以下罚款；情节严重的，责令停业整顿：

（一）拒绝其他电信业务经营者提出的互联互通要求的；

（二）拒不执行国务院信息产业主管部门或者省、自治区、直辖市电信管理机构依法作出的互联互通决定的；

（三）向其他电信业务经营者提供网间互联的服务质量低于本网及其子公司或者分支机构的。

第七十三条 违反本条例第三十三条第一款、第三十九条第二款的规定，电信业务经营者拒绝免费为电信用户提供国内长途通信、国际通信、移动通信和信息服务等收费清单，或者电信用户对交纳本地电话费用有异议并提出要求时，拒绝为电信用户免费提供本地电话收费依据的，由省、自治区、直辖市电信管理机构责令改正，并向电信用户赔礼道歉；拒不改正并赔礼道歉的，处以警告，并处5000元以上5万元以下的罚款。

第七十四条 违反本条例第四十条的规定，由省、自治区、直辖市电信管理机构责令改正，并向电信用户赔礼道歉，赔偿电信用户损失；拒不改正并赔礼道歉、赔偿损失的，处以警告，并处1万元以上10万元以下的罚款；情节严重的，责令停业整顿。

第七十五条　违反本条例的规定，有下列行为之一的，由省、自治区、直辖市电信管理机构责令改正，处 1 万元以上 10 万元以下的罚款：

（一）销售未取得进网许可的电信终端设备的；

（二）非法阻止或者妨碍电信业务经营者向电信用户提供公共电信服务的；

（三）擅自改动或者迁移他人的电信线路及其他电信设施的。

第七十六条　违反本条例的规定，获得电信设备进网许可证后降低产品质量和性能的，由产品质量监督部门依照有关法律、行政法规的规定予以处罚。

第七十七条　有本条例第五十六条、第五十七条和第五十八条所列禁止行为之一，情节严重的，由原发证机关吊销电信业务经营许可证。

国务院信息产业主管部门或者省、自治区、直辖市电信管理机构吊销电信业务经营许可证后，应当通知企业登记机关。

第七十八条　国务院信息产业主管部门或者省、自治区、直辖市电信管理机构工作人员玩忽职守、滥用职权、徇私舞弊，构成犯罪的，依法追究刑事责任；尚不构成犯罪的，依法给予行政处分。

第七章　附　　则

第七十九条　外国的组织或者个人在中华人民共和国境内投资与经营电信业务和香港特别行政区、澳门特别行政区与台湾地区的组织或者个人在内地投资与经营电信业务的具体办法，由国务院另行制定。

第八十条　本条例自公布之日起施行。

附：电信业务分类目录（略）

附 录

公用电信网间互联管理规定

中华人民共和国工业和信息化部令

第 28 号

现公布《工业和信息化部关于废止和修改部分规章的决定》，自公布之日起施行。

工业和信息化部部长

2014 年 9 月 23 日

（2001 年 5 月 10 日中华人民共和国信息产业部令第 9 号公布；根据 2014 年 9 月 23 日中华人民共和国工业和信息化部令第 28 号公布的《工业和信息化部关于废止和修改部分规章的决定》修正）

第一章 总 则

第一条 为了维护国家利益和电信用户的合法权益，保护电信业务经营者之间公平、有效竞争，保障公用电信网间及时、合理地互联，根据《中华人民共和国电信条例》，制定本规定。

第二条 本规定适用于中华人民共和国境内经营基础电信业务的经营者在下列电信网间的互联：

（一）固定本地电话网；

（二）国内长途电话网；

（三）国际电话网；

（四）IP电话网；

（五）陆地蜂窝移动通信网；

（六）卫星移动通信网；

（七）互联网骨干网；

（八）工业和信息化部规定的其他电信网。

第三条 电信网之间应当按照技术可行、经济合理、公平公正、相互配合的原则实现互联。

第四条 工业和信息化部和省、自治区、直辖市通信管理局（以下合称"电信主管部门"）是电信网间互联的主管部门。工业和信息化部负责本规定在全国范围内的实施工作；省、自治区、直辖市通信管理局负责本规定在本行政区域内的实施工作。

第五条 本规定下列用语的含义是：

（一）互联，是指建立电信网间的有效通信连接，以使一个电信业务经营者的用户能够与另一个电信业务经营者的用户相互通信或者能够使用另一个电信业务经营者的各种电信业务。互联包括两个电信网网间直接相联实现业务互通的方式，以及两个电信网通过第三方的网络转接实现业务互通的方式。

（二）互联点，是指两个电信网网间直接相联时的物理接口点。

（三）主导的电信业务经营者，是指控制必要的基础电信设施，并且所经营的固定本地电话业务占本地网范围内同类业务市场50%以上的市场份额，能够对其他电信业务经营者进入电信业务市场构成实质性影响的经营者。

(四)非主导的电信业务经营者,是指主导的电信业务经营者以外的电信业务经营者。

第二章 电信业务经营者的互联义务

第六条 电信业务经营者应当设立互联工作机构负责互联工作。互联工作机构应当建立正常的工作联系制度,保证电信业务经营者与电信主管部门之间以及电信业务经营者之间工作渠道的畅通。

第七条 主导的电信业务经营者应当根据本规定制定包括网间互联的程序、时限、互联点的数量、用于网间互联的交换机局址、非捆绑网络元素提供或出租的目录及费用等内容的互联规程。互联规程报工业和信息化部批准后执行。互联规程对主导的电信业务经营者的互联互通活动具有约束力。

第八条 电信业务经营者不得拒绝其他电信业务经营者提出的互联要求,不得违反国家有关规定擅自限制用户选择其他电信业务经营者依法开办的电信业务。

第九条 主导的电信业务经营者有义务向非主导的电信业务经营者提供与互联有关的网络功能(含网络组织、信令方式、计费方式、同步方式等)、设备配置(光端机、交换机等)的信息,以及与互联有关的管道(孔)、杆路、线缆引入口及槽道、光缆(纤)、带宽、电路等通信设施的使用信息。非主导的电信业务经营者有义务向主导的电信业务经营者提供与互联有关的网络功能、设备配置的计划和规划信息。

双方应当对对方提供的信息保密,并不得利用该信息从事与互联无关的活动。

第十条 非主导的电信业务经营者的电信网与主导的电信业务经营者的电信网网间互联,互联传输线路必须经由主导的电信业务经营者的管道（孔）、杆路、线缆引入口及槽道等通信设施的，主导的电信业务经营者应当予以配合提供使用，并不得附加任何不合理的条件。

两个非主导的电信业务经营者的电信网网间直接相联，互联传输线路必须经由主导的电信业务经营者的楼层院落、管道（孔）、杆路、线缆引入口及槽道等通信设施的，主导的电信业务经营者应当予以配合提供使用，并不得附加任何不合理的条件。

前款主导的电信业务经营者的通信设施经省、自治区、直辖市通信管理局确认无法提供使用的，非主导的电信业务经营者可以通过架空、直埋等其他方式解决互联传输线路问题。

第十一条 主导的电信业务经营者应当在规定的互联时限内提供互联，非主导的电信业务经营者应当在规定的互联时限内实施互联。双方均不得无故拖延互联时间。

第十二条 电信业务经营者应当执行工业和信息化部制定的相关网间互联技术规范、技术规定。

网间通信质量应当符合国家有关标准。电信业务经营者应当保证网间通信质量不低于其网络内部同类业务的通信质量。

第十三条 应非主导的电信业务经营者的要求，主导的电信业务经营者应当向对方网的用户提供电话号码查询业务，并经双方协商后，可按查号规则查询到对方网的可查询用户号码。非主导的电信业务经营者应当按查号规则向对方提供本网的可查询用户号码资料。

应非主导的电信业务经营者的要求，主导的电信业务经营者应当向对方网的用户提供火警、匪警、医疗急救、交通事故报警等紧急特种业务。非主导的电信业务经营者应当每日进行紧急特种业务的拨叫例测。双方应当共同保证紧急特种业务的通信质量。

第十四条 电信业务经营者向本网开放的各种电信业务接入号

码（含短号码）、其他特种业务号码（含电信业务经营者所用的业务号码、政府公务类业务号码、社会服务类业务号码）、智能业务号码等，应一方的要求，应当及时向对方网开放，并保证通信质量。

第十五条 两个非主导的电信业务经营者的电信网网间直接相联，由双方协商解决。

两个非主导的电信业务经营者的电信网网间未直接相联的，其网间业务应当经第三方的固定本地电话网或工业和信息化部指定的机构的网络转接实现互通。非主导电信业务经营者选择主导的电信业务经营者的固定本地电话网作为第三方的网络时，主导的电信业务经营者不得拒绝提供转接，并应当保证转接的通信质量。

第三章　互联点的设置及互联费用的分摊与结算

第十六条 非主导的电信业务经营者的电信网与主导的电信业务经营者的电信网网间互联时，互联点应当设置在互联传输线路的一端，即远离非主导的电信业务经营者侧的设备的一端（例如，当互联传输线路为光缆时，互联点设置在主导的电信业务经营者光配线架外侧）。

两个非主导的电信业务经营者的电信网网间直接相联时，互联点的具体位置由双方协商确定。

第十七条 互联点数量应当根据双方业务发展以及网间通信安全的需要协商确定。在一个本地网内各电信网网间互联原则上应当有两个以上（含两个）互联点。

互联点两侧的电信设备可以由各电信网共用，也可以由各电信网分设。当互联点两侧的电信设备由各电信网共用时，如果各电信网网间结算标准不一致，双方又不易采用技术手段进行计费核查的，互联中继电路可以分群设置。

第十八条 非主导的电信业务经营者的电信网与主导的电信业务经营者的电信网网间互联的,互联传输线路及管道由双方各自承担一半。

两个非主导的电信业务经营者的电信网网间直接相联的,互联传输线路的费用分摊由双方协商确定。

第十九条 互联点两侧的电信设备(含各自网内的电信设备,下同)的建设、扩容改造的费用(含信令方式、局数据修改、软件版本升级等费用)由双方各自承担。

互联点两侧的电信设备的配套设施(含机房、空调、电源、测试仪器、计费设备及其他配套设施)的费用由双方各自承担。

第二十条 互联传输线路经由主导的电信业务经营者的管道(孔)、杆路、线缆引入口及槽道等通信设施的,主导的电信业务经营者应当按规定标准收取租用费。暂无规定标准的,相关费用以建设成本为基础由双方协商解决。

第二十一条 电信业务经营者在互联互通中应当执行《电信网间通话费结算办法》,不得在规定标准以外加收费用。

电信业务经营者应当按互联协议规定的结算周期进行网间结算,不得无故拖延应向对方结算的费用。

第二十二条 电信业务经营者应当按国家有关规定核算本网与互联有关的收支情况及互联成本,经相关中介机构审查验证后,于每年3月31日前将上一年度的数据报工业和信息化部。

网间结算标准应当以成本为基础核定。在电信业务经营者互联成本尚未确定之前,网间结算标准暂以资费为基础核定。

第四章 互联协议与工程建设

第二十三条 互联协议应当由电信业务经营者省级以上(含省级)机构之间签订(含修订)。电信业务经营者省级以下机构不再另行签订互联协议。互联双方应当本着友好合作和相互配合的原则协商互联协议。

第二十四条 互联协商的主要内容包括：签订协议的依据、互联工程进度时间表、互通的业务、互联技术方案（包括互联点的设置、互联点两侧的设备设置、拨号方式、路由组织、中继容量，以及信令、计费、同步、传输质量等）、与互联有关的网络功能及通信设施的提供、与互联有关的设备配置、互联费用的分摊、互联后的网络管理（包括互联双方维护范围、网间通信质量相互通报制度、网间通信障碍处理制度、网间通信重大障碍报告制度、网间通信应急方案等）、网间结算、违约责任等。

第二十五条 互联双方省级以上机构应当按照《中华人民共和国合同法》及国家有关规定签订互联协议，互联协议不得含有歧视性内容和损害第三方利益的内容。

第二十六条 互联双方省级以上机构应当自协议签订之日起15日内将协议发至各自下属机构，并报送电信主管部门。

第二十七条 互联双方应当在规定的互联时限内，根据商定的互联工程进度、互联技术方案，在各自的建设范围内组织施工建设，并协同组织互联测试，全部工程初验合格后即可开通业务。

第五章　互联时限与互联监管

第二十八条 涉及全国范围（跨省、自治区、直辖市）同步实施的网间互联，非主导的电信业务经营者应当根据本网工程进度情况或网络运行情况，向主导的电信业务经营者当面提交互联的书面要求，并向工业和信息化部备案后，互联工作开始启动。

互联双方应当从互联启动之日起两个月内签订互联协议。

涉及全国范围同步实施的网间互联需要新设互联点的，应当自互联启动之日起七个月内实现业务开通。

涉及全国范围同步实施的网间互联不需新设互联点，只需进行网络扩容改造的,应当自互联启动之日起四个月内实现业务开通。

涉及全国范围同步实施的网间互联只涉及局数据修改的,应当自互联启动之日起两个月内实现业务开通。

必要时,工业和信息化部对涉及全国范围同步实施的网间互联提出具体的业务开通时间要求。

第二十九条 不涉及全国范围同步实施的网间互联,非主导的电信业务经营者省级以上机构应当根据本网工程进度情况或者网络运行情况,向主导的电信业务经营者省级机构当面提交互联的书面要求,并向省、自治区、直辖市通信管理局备案后,互联工作开始启动。主导的电信业务经营者省级机构不得拒收对方提交的互联书面要求。

互联双方应当在互联工程实施以前签订工程协议,工程协议的签订应当不影响整个互联工程的进度。双方应当在业务开通前签订网间业务互通、互联后的网络管理以及网间结算协议。协议的协商可与工程实施同步进行。

网间互联需新设互联点的,应当自互联启动之日起七个月内实现业务开通。

网间互联不需新设互联点,只需进行网络扩容改造的,应当自互联启动之日起四个月内实现业务开通。

网间互联只涉及局数据修改的,应当自互联启动之日起一个月内实现业务开通。

必要时,省、自治区、直辖市通信管理局对网间互联提出具体的业务开通时间要求。

第三十条 互联实施中,因客观原因致使互联不能在规定的互联时限内完成的,经互联双方认可并向电信主管部门备案后,可以顺延互联时间。

第三十一条 互联双方应当在业务开通后 30 日内,将互联启动日期、业务开通日期及业务开通后 3 日内的网间通信质量情况，以书面形式向电信主管部门报告。电信主管部门根据具体情况以适当方式予以公布。

第三十二条　电信主管部门应当定期或不定期地召开相关电信业务经营者的互联协调会，督促解决互联实施过程中存在的问题。

工业和信息化部电信管理局应当向省、自治区、直辖市通信管理局及相关电信业务经营者通报互联工作情况。

第六章　互联后的网络管理

第三十三条　在工业和信息化部确定的用于网间互联的交换机局址上实施的互联，互联点应当保持相对稳定，已设互联点原则上不允许变更。

主导的电信业务经营者对已设互联点单方面提出变更要求的，应当事先向相关电信业务经营者提交拟变更的方案，经与对方协商一致后，方可启动改造工程。改造工程应当在七个月内完成。改造工程的费用原则上由主导的电信业务经营者承担。

第三十四条　互联一方因网内扩容改造，可能影响对方网的用户通信的，应当提前三个月以书面形式向对方通报情况。

互联一方因网内发生路由组织、中继电路、信令方式、局数据、软件版本等的调整，可能影响到对方网的用户通信的，应当提前 15 日以书面形式向对方通报情况。

第三十五条　电信业务经营者对网间路由组织、中继电路、信令方式、局数据、软件版本等的调整应当予以配合，保证网间通信质量符合要求。

第三十六条　电信业务经营者应当明确划分网间运行维护责任，定期协同分析网间通信质量，建立网间通信质量相互通报制度，并定期向电信主管部门报告。电信主管部门根据具体情况组织召开通信质量协调会。

第三十七条 电信业务经营者应当建立网间通信障碍处理制度，互联一方发现网间通信障碍时，应当及时通知对方，双方相互配合共同处理网间通信障碍。网间通信障碍的处理时限与本网处理同类障碍的时限相同。

第三十八条 电信业务经营者应当保障网间通信畅通，不得擅自中断互联互通。电信业务经营者应当建立网间通信重大障碍报告制度。发生网间通信中断或网间通信严重不畅时，电信业务经营者应当立即采取有效措施恢复通信，并及时向电信主管部门报告。

前款所称网间通信严重不畅，是指网间接通率（应答试呼比）低于20%，以及用户有明显感知的时延、断话、杂音等情况。

第七章 互联争议的协调与处理

第三十九条 电信主管部门应当依据工业和信息化部制定的电信网间互联争议解决办法解决电信业务经营者之间的互联争议。

第四十条 在互联实施中，电信业务经营者发生下列争议，致使互联不能继续进行，或者互联后电信业务经营者发生下列争议影响网间业务互通时，任何一方均可以向电信主管部门申请协调：

（一）互联技术方案；
（二）与互联有关的网络功能及通信设施的提供；
（三）互联时限；
（四）电信业务的提供；
（五）网间通信质量；
（六）与互联有关的费用；
（七）其他需要协调的问题。

第四十一条 电信主管部门收到协调申请后，对申请的内容进行初步审核。经审核发现申请的内容与国家有关规定明显不符或者超出电信主管部门职责权限的,应当书面答复不予受理。经审查申请的内容符合要求的,电信主管部门正式开始协调工作。

第四十二条 电信主管部门组织相关人员对电信业务经营者的互联争议进行协调。

协调应当自开始协调之日起45日内结束。

第四十三条 协调结束后,争议双方不能达成一致意见的,电信主管部门应当随机邀请电信技术、经济、法律方面的专家进行公开论证。电信主管部门根据论证意见或建议对互联争议作出决定,强制争议双方执行。

第四十四条 决定应当在协调结束之日起45日内作出。省、自治区、直辖市通信管理局作出的决定应当向工业和信息化部备案。电信主管部门对作出的决定以适当方式向社会公布。

第四十五条 决定作出后,争议双方应当在决定规定的时限内予以履行。

争议一方或双方对决定不服,可以依法申请行政复议或者提起行政诉讼。复议或诉讼期间,决定不停止执行。

第八章 罚 则

第四十六条 违反本规定第九条、第十条、第十一条、第十二条第一款、第十三条、第十四条、第十五条、第二十一条第二款、第三十三条、第三十五条、第三十六条、第三十七条规定的,由电信主管部门视情节轻重,依据职权责令改正、处五千元以上三万元以下罚款。

因违反前款规定给其他的电信业务经营者造成直接经济损失的,应当予以经济赔偿。

第四十七条 违反本规定第八条、第十二条第二款和第四十五条规定的,由电信主管部门依据职权责令改正,并按《中华人民共和国电信条例》中的有关规定处以罚款。

第四十八条 违反本规定第二十一条第一款、第三十八条的,由电信主管部门依据职权责令改正,有违法所得的,没收违法所得,并按《中华人民共和国电信条例》的有关规定处以罚款。

第九章 附 则

第四十九条 本规定自发布之日起施行。1999年9月7日信息产业部发布的《电信网间互联管理暂行规定》同时废止。

电信用户申诉处理办法

中华人民共和国工业和信息化部令

第 35 号

《电信用户申诉处理办法》已经 2016 年 5 月 17 日工业和信息化部第 23 次部务会议审议通过，现予公布，自 2016 年 7 月 30 日起施行。原信息产业部 2001 年 1 月 11 日公布的《电信用户申诉处理暂行办法》（原信息产业部令第 7 号）同时废止。

工业和信息化部部长
2016 年 5 月 26 日

第一章 总 则

第一条 为了保护电信用户的合法权益，规范用户申诉处理行为，根据《中华人民共和国电信条例》及其他有关法律、行政法规的规定，制定本办法。

第二条 本办法适用于处理用户在接受电信服务的过程中与电信业务经营者发生的争议。

第三条 本办法所称电信管理机构，是指工业和信息化部或省、自治区、直辖市通信管理局。

本办法所称申诉受理机构，是指工业和信息化部电信用户申诉受理中心和省、自治区、直辖市电信用户申诉受理机构。

本办法所称申诉人，是指在使用电信业务、接受电信服务中，与电信业务经营者发生争议并向申诉受理机构提出申诉的电信用户。

本办法所称被申诉人,是指因与用户发生争议而被用户申告的电信业务经营者。

第四条 工业和信息化部对全国电信用户申诉处理工作进行监督指导。工业和信息化部电信用户申诉受理中心受工业和信息化部委托,依据本办法开展全国电信用户申诉受理工作。

省、自治区、直辖市通信管理局可以根据本地实际情况设立电信用户申诉受理机构。电信用户申诉受理机构受省、自治区、直辖市通信管理局的委托并在其监督指导下,依据本办法开展本行政区电信用户申诉受理工作。

第五条 申诉处理以事实为依据,以法律为准绳,坚持公正、合理、合法的原则。

第六条 申诉受理机构对电信用户申诉事项实行调解制度,并可以出具调解书。

第七条 申诉受理机构每季度将受理用户申诉的统计报表上报同级电信管理机构。

第二章 受 理

第八条 电信业务经营者应当认真受理用户的投诉,并在接到用户投诉之日起15日内答复用户。用户对电信业务经营者的处理结果不满意或者电信业务经营者在接到投诉后15日内未答复的,可以向申诉受理机构提出申诉。

第九条 申诉人应当向被申诉人所在省、自治区、直辖市的申诉受理机构提出申诉。被申诉人所在省、自治区、直辖市没有设立申诉受理机构的,申诉人可以向工业和信息化部电信用户申诉受理中心提出申诉。

第十条 用户申诉应当符合下列条件:

(一)申诉人是与申诉事项有直接利害关系的当事人;

(二)有明确的被申诉人;

（三）有具体的申诉请求和事实根据；

（四）已经向被申诉人投诉且对其处理结果不满意或者其未在15日内答复。

第十一条 申诉受理机构对有下列情形之一的申诉事项不予受理：

（一）属于收费争议的申诉，申诉事项发生时距提起申诉时超过五个月的，其他申诉，申诉事项发生时距提起申诉时超过二年的；

（二）申诉人与被申诉人已经达成和解协议并执行的；

（三）申诉受理机构已经受理或者处理的；

（四）人民法院、仲裁机构、消费者组织或者其他行政机关已经受理或者处理的；

（五）不符合本办法第十条规定的申诉条件的；

（六）国家法律、行政法规及部门规章另有规定的。

第十二条 申诉采用书面形式。申诉材料应当包括下列内容：

（一）申诉人姓名或名称、地址、电话号码、邮政编码；

（二）被申诉人名称、地址；

（三）申诉要求、理由、事实根据；

（四）申诉日期。

第十三条 申诉受理机构在接到用户申诉时，应当询问用户是否就申诉事项向电信业务经营者提出过投诉，电信业务经营者是否给予处理或答复。

对于未经电信业务经营者处理的用户申诉，申诉受理机构应当告知用户先向电信业务经营者投诉。

对于咨询有关电信政策的用户申诉，申诉受理机构应当向用户作出解答。

第十四条 申诉受理机构应当自收到申诉材料之日起5个工作日内，作出受理或者不予受理的决定，并通知申诉人。对于不予受理的申诉，应当告知不予受理的理由。

第三章 办　理

第十五条　对于决定受理的用户申诉，申诉受理机构应当在受理用户申诉后 2 个工作日内将用户申诉内容和转办通知书发送被申诉人。

转办通知书应当载明申诉受理机构名称及联系方式、申诉人名称及联系方式、申诉人的申诉请求摘要、申诉受理机构对申诉处理的要求等。

第十六条　对申诉受理机构要求回复处理意见的，被申诉人收到转办通知书后，应当在 10 日内将申诉事项的事实情况和处理结果或者处理意见以及申诉人对处理结果的意见（满意程度）反馈给申诉受理机构。

第十七条　申诉受理机构应当自收到全部申诉材料之日起 30 日内向申诉人作出答复，将申诉处理情况告知申诉人。

对于被申诉人与申诉人协商和解的申诉，申诉受理机构可以作办结处理。

对于被申诉人与申诉人未能协商和解的申诉，应任何一方申请，申诉受理机构在征得对方同意后应当进行调解。

第四章 调　解

第十八条　对于属于民事争议的下列情形，申诉受理机构可以组织双方当事人进行调解：

（一）申诉人与被申诉人已经就申诉事项进行过协商，但未能和解的；

（二）申诉人、被申诉人同意由申诉受理机构进行调解的；

（三）工业和信息化部规定的其他情形。

第十九条　申诉受理机构应当自争议双方同意调解之日起 30 日内调解完毕。调解达成协议的，视为办结；调解不成的，应当终止调解并告知申诉人，视为办结。调解达成协议的，应任何一方请求，申诉受理机构应当制作调解书。

第二十条 申诉受理机构调解无效的，争议双方可以依照国家有关法律规定就申诉事项向仲裁机构申请仲裁或者向人民法院提起诉讼。

第五章 调 查

第二十一条 申诉受理机构可以通过电话、传真、书信以及实地调查等方式向申诉人和被申诉人了解有关情况，要求提供有关证据；申诉受理机构可以根据有关法律、行政法规和部门规章的规定，收集证据或者召集有关当事人进行调查。

第二十二条 申诉受理机构的调查人员有权行使下列权利：

（一）询问当事人和有关人员；

（二）要求有关单位和个人提供书面材料和证明；

（三）要求当事人提供有关技术材料；

（四）查阅、复制有关文件等。

第二十三条 调查应当由两名工作人员共同进行，调查时应当出示有效证件和有关证明，并应当制作调查笔录。调查人员对涉及当事人隐私、商业秘密等事项负有保密义务。

第二十四条 被调查人员必须如实回答调查人员的询问，提供相关证据。

第二十五条 申诉受理机构认为需要对有关设备、系统进行检测或者鉴定的，经同级电信管理机构批准后，交由指定检测或者鉴定机构进行检测、鉴定。被申诉的电信业务经营者应当予以配合。

第六章 附 则

第二十六条 申诉受理机构每季度将受理用户申诉的统计报表向电信业务经营者进行通报。

第二十七条 对于电信用户与公用电信等代办点的争议,电信用户可以向委托代办的电信业务经营者投诉;对于电信用户与宾馆、饭店等电信业务代办点的争议,电信用户可以直接向申诉受理机构提出申诉。

第二十八条 本办法自 2016 年 7 月 30 日起施行。原信息产业部 2001 年 1 月 11 日公布的《电信用户申诉处理暂行办法》(原信息产业部令第 7 号)同时废止。

通信网络安全防护管理办法

中华人民共和国工业和信息化部令

第 11 号

《通信网络安全防护管理办法》已经 2009 年 12 月 29 日中华人民共和国工业和信息化部第 8 次部务会议审议通过，现予公布，自 2010 年 3 月 1 日起施行。

工业和信息化部部长
二○一○年一月二十一日

第一条 为了加强对通信网络安全的管理，提高通信网络安全防护能力，保障通信网络安全畅通，根据《中华人民共和国电信条例》，制定本办法。

第二条 中华人民共和国境内的电信业务经营者和互联网域名服务提供者（以下统称"通信网络运行单位"）管理和运行的公用通信网和互联网（以下统称"通信网络"）的网络安全防护工作，适用本办法。

本办法所称互联网域名服务，是指设置域名数据库或者域名解析服务器，为域名持有者提供域名注册或者权威解析服务的行为。

本办法所称网络安全防护工作，是指为防止通信网络阻塞、中断、瘫痪或者被非法控制，以及为防止通信网络中传输、存储、处理的数据信息丢失、泄露或者被篡改而开展的工作。

第三条 通信网络安全防护工作坚持积极防御、综合防范、分级保护的原则。

第四条 中华人民共和国工业和信息化部（以下简称工业和信

息化部）负责全国通信网络安全防护工作的统一指导、协调和检查，组织建立健全通信网络安全防护体系，制定通信行业相关标准。

各省、自治区、直辖市通信管理局（以下简称通信管理局）依据本办法的规定，对本行政区域内的通信网络安全防护工作进行指导、协调和检查。

工业和信息化部与通信管理局统称"电信管理机构"。

第五条　通信网络运行单位应当按照电信管理机构的规定和通信行业标准开展通信网络安全防护工作，对本单位通信网络安全负责。

第六条　通信网络运行单位新建、改建、扩建通信网络工程项目，应当同步建设通信网络安全保障设施，并与主体工程同时进行验收和投入运行。

通信网络安全保障设施的新建、改建、扩建费用，应当纳入本单位建设项目概算。

第七条　通信网络运行单位应当对本单位已正式投入运行的通信网络进行单元划分，并按照各通信网络单元遭到破坏后可能对国家安全、经济运行、社会秩序、公众利益的危害程度，由低到高分别划分为一级、二级、三级、四级、五级。

电信管理机构应当组织专家对通信网络单元的分级情况进行评审。

通信网络运行单位应当根据实际情况适时调整通信网络单元的划分和级别，并按照前款规定进行评审。

第八条　通信网络运行单位应当在通信网络定级评审通过后三十日内，将通信网络单元的划分和定级情况按照以下规定向电信管理机构备案：

（一）基础电信业务经营者集团公司向工业和信息化部申请办理其直接管理的通信网络单元的备案；基础电信业务经营者各省

（自治区、直辖市）子公司、分公司向当地通信管理局申请办理其负责管理的通信网络单元的备案；

（二）增值电信业务经营者向作出电信业务经营许可决定的电信管理机构备案；

（三）互联网域名服务提供者向工业和信息化部备案。

第九条 通信网络运行单位办理通信网络单元备案，应当提交以下信息：

（一）通信网络单元的名称、级别和主要功能；

（二）通信网络单元责任单位的名称和联系方式；

（三）通信网络单元主要负责人的姓名和联系方式；

（四）通信网络单元的拓扑架构、网络边界、主要软硬件及型号和关键设施位置；

（五）电信管理机构要求提交的涉及通信网络安全的其他信息。

前款规定的备案信息发生变化的，通信网络运行单位应当自信息变化之日起三十日内向电信管理机构变更备案。

通信网络运行单位报备的信息应当真实、完整。

第十条 电信管理机构应当对备案信息的真实性、完整性进行核查，发现备案信息不真实、不完整的，通知备案单位予以补正。

第十一条 通信网络运行单位应当落实与通信网络单元级别相适应的安全防护措施，并按照以下规定进行符合性评测：

（一）三级及三级以上通信网络单元应当每年进行一次符合性评测；

（二）二级通信网络单元应当每两年进行一次符合性评测。

通信网络单元的划分和级别调整的，应当自调整完成之日起九十日内重新进行符合性评测。

通信网络运行单位应当在评测结束后三十日内，将通信网络单元的符合性评测结果、整改情况或者整改计划报送通信网络单元的备案机构。

第十二条 通信网络运行单位应当按照以下规定组织对通信网络单元进行安全风险评估，及时消除重大网络安全隐患：

（一）三级及三级以上通信网络单元应当每年进行一次安全风险评估；

（二）二级通信网络单元应当每两年进行一次安全风险评估。

国家重大活动举办前，通信网络单元应当按照电信管理机构的要求进行安全风险评估。

通信网络运行单位应当在安全风险评估结束后三十日内，将安全风险评估结果、隐患处理情况或者处理计划报送通信网络单元的备案机构。

第十三条 通信网络运行单位应当对通信网络单元的重要线路、设备、系统和数据等进行备份。

第十四条 通信网络运行单位应当组织演练，检验通信网络安全防护措施的有效性。

通信网络运行单位应当参加电信管理机构组织开展的演练。

第十五条 通信网络运行单位应当建设和运行通信网络安全监测系统，对本单位通信网络的安全状况进行监测。

第十六条 通信网络运行单位可以委托专业机构开展通信网络安全评测、评估、监测等工作。

工业和信息化部应当根据通信网络安全防护工作的需要，加强对前款规定的受托机构的安全评测、评估、监测能力指导。

第十七条 电信管理机构应当对通信网络运行单位开展通信网络安全防护工作的情况进行检查。

电信管理机构可以采取以下检查措施：

（一）查阅通信网络运行单位的符合性评测报告和风险评估报告；

（二）查阅通信网络运行单位有关网络安全防护的文档和工作记录；

（三）向通信网络运行单位工作人员询问了解有关情况；

（四）查验通信网络运行单位的有关设施；

（五）对通信网络进行技术性分析和测试；

（六）法律、行政法规规定的其他检查措施。

第十八条　电信管理机构可以委托专业机构开展通信网络安全检查活动。

第十九条　通信网络运行单位应当配合电信管理机构及其委托的专业机构开展检查活动，对于检查中发现的重大网络安全隐患，应当及时整改。

第二十条　电信管理机构对通信网络安全防护工作进行检查，不得影响通信网络的正常运行，不得收取任何费用，不得要求接受检查的单位购买指定品牌或者指定单位的安全软件、设备或者其他产品。

第二十一条　电信管理机构及其委托的专业机构的工作人员对于检查工作中获悉的国家秘密、商业秘密和个人隐私，有保密的义务。

第二十二条　违反本办法第六条第一款、第七条第一款和第三款、第八条、第九条、第十一条、第十二条、第十三条、第十四条、第十五条、第十九条规定的，由电信管理机构依据职权责令改正；拒不改正的，给予警告，并处五千元以上三万元以下的罚款。

第二十三条　电信管理机构的工作人员违反本办法第二十条、第二十一条规定的，依法给予行政处分；构成犯罪的，依法追究刑事责任。

第二十四条　本办法自2010年3月1日起施行。

通信短信息服务管理规定

中华人民共和国工业和信息化部令

第 31 号

《通信短信息服务管理规定》已经 2015 年 5 月 6 日工业和信息化部第 14 次部务会议审议通过，现予公布，自 2015 年 6 月 30 日起施行。

工业和信息化部部长
2015 年 5 月 19 日

第一章 总 则

第一条 为了规范通信短信息（以下简称短信息）服务行为，维护用户的合法权益，促进短信息服务市场的健康发展，根据《全国人民代表大会常务委员会关于加强网络信息保护的决定》、《中华人民共和国电信条例》等法律、行政法规，制定本规定。

第二条 在中华人民共和国境内提供、使用短信息服务，适用本规定。

第三条 工业和信息化部负责对全国的短信息服务实施监督管理。

省、自治区、直辖市通信管理局负责对本行政区域内的短信息服务实施监督管理。

工业和信息化部和省、自治区、直辖市通信管理局统称电信管理机构。

第四条 提供、使用短信息服务的，应当遵守法律、行政法规和电信管理机构的相关规定，不得利用短信息服务从事违法活动。

第五条 鼓励有关行业协会依法制定短信息服务的自律性管理制度，引导会员加强自律管理。

第二章 短信息服务规范

第六条 经营短信息服务的，应当依法取得电信业务经营许可。

基础电信业务经营者不得为未取得电信业务经营许可的单位或者个人提供用于经营短信息服务的网络或者业务接入服务。

第七条 基础电信业务经营者应当准确记录接入其网络的短信息服务提供者的名称、接入代码和接入地点等信息。

第八条 短信息服务提供者应当制定短信息服务规则，并将与用户相关的内容通过服务合同或者入网协议等方式告知用户，不得利用格式条款侵犯用户合法权益。

第九条 短信息服务需向用户收费的，短信息服务提供者应当保证计费符合相关法律规定和电信标准，并事先明确告知用户服务内容、资费标准、收费方式和退订方式等。

第十条 短信息服务提供者发送短信息，应当将发送端电话号码或者代码一并发送，不得发送缺少发送端电话号码或者代码的短信息，不得发送含有虚假、冒用的发送端电话号码或者代码的短信息。

第十一条 短信息服务提供者应当在其服务系统中记录短信息发送和接收时间、发送端和接收端电话号码或者代码、用户订阅和退订情况等信息，端口类短信息还应当保存短信息内容。

前款规定的记录应当保存至少 5 个月，其中用户订阅和退订情况应当保存至短信息服务提供者与用户服务关系终止后 5 个月。

第十二条 短信息服务提供者提供端口类短信息服务，应当要求短信息内容提供者提供真实身份信息，并进行查验和登记。

第十三条 短信息服务提供者提供端口类短信息服务，应当按照电信管理机构批准的码号结构、位长、用途和使用范围使用端口号。未经电信管理机构批准，不得转让或者出租端口号。

第十四条 短信息服务提供者在业务活动中收集、使用用户个人信息，应当严格遵守有关法律法规的规定。

第十五条 短信息服务提供者应当建立和执行网络与信息安全管理制度，采取安全防范措施，加强公共信息巡查。

第十六条 短信息服务提供者、短信息内容提供者不得制作、复制、发布和传播含有《中华人民共和国电信条例》等法律法规规定的禁止性内容的短信息。

第十七条 发送公益性短信息的，由省级以上人民政府有关部门提前10个工作日向电信管理机构提供短信息发送时间、发送内容、发送范围、发送机构等信息，电信管理机构协调短信息服务提供者发送；不属于公益性短信息的，及时告知有关部门并说明理由。

涉及自然灾害、事故灾难、公共卫生事件和社会安全事件预警和处置等应急公益性短信息，情况紧急需要先行发送的，短信息服务提供者应当按照有关应急预案和机制及时免费发送，有关部门事后应当向电信管理机构提供有关信息。

第三章　商业性短信息管理

第十八条 短信息服务提供者、短信息内容提供者未经用户同意或者请求，不得向其发送商业性短信息。用户同意后又明确表示拒绝接收商业性短信息的，应当停止向其发送。

短信息服务提供者、短信息内容提供者请求用户同意接收商业性短信息的，应当说明拟发送商业性短信息的类型、频次和期限等信息。用户未回复的，视为不同意接收。用户明确拒绝或者未回复的，不得再次向其发送内容相同或者相似的短信息。

基础电信业务经营者对通过其电信网发送端口类商业性短信息的,应当保证有关用户已经同意或者请求接收有关短信息。

第十九条 短信息服务提供者、短信息内容提供者用于发送业务管理和服务类短信息的端口,不得用于发送商业性短信息。

第二十条 短信息服务提供者、短信息内容提供者向用户发送商业性短信息,应当提供便捷和有效的拒绝接收方式并随短信息告知用户,不得以任何形式对用户拒绝接收短信息设置障碍。

第二十一条 短信息服务提供者、短信息内容提供者向用户发送商业性短信息,应当在短信息中明确注明短信息内容提供者的名称。

第二十二条 短信息服务提供者应当建立短信息管理制度和预警监测机制,通过规范管理、技术手段和合同约定等措施,防范未经用户同意或者请求发送的商业性短信息。

第二十三条 基础电信业务经营者发现短信息服务提供者、短信息内容提供者违反本规定第十八条发送商业性短信息的,应当采取必要的措施暂停或者停止为其提供相关的电信资源,并保存有关记录。

第二十四条 鼓励用户自主选择使用短信息安全应用软件等适当的安全防护手段,提高自我防护能力。

第四章 用户投诉和举报

第二十五条 短信息服务提供者应当建立投诉处理机制,公布有效、便捷的联系方式,接受与短信息服务有关的投诉。

第二十六条 工业和信息化部委托12321网络不良与垃圾信息举报受理中心(以下简称举报中心)受理短信息服务举报。

第二十七条 用户认为其受到商业性短信息侵扰或者收到含有法律法规规定的禁止性内容的短信息的,可以向短信息服务提供者投诉或者向举报中心举报。

举报中心受理用户举报后,应当在5个工作日内转送短信息服务提供者处理。发现存在违法行为的,应当及时报告国家有关部门处理。

短信息服务提供者收到用户投诉或者举报中心转办的举报,经核实后应当及时采取有效手段,并在15个工作日内向投诉方或举报中心反馈处置结果。

第二十八条　短信息服务提供者发现被投诉或者举报的短信息明显含有本规定第十六条规定的内容的,应当立即停止发送,保存有关记录,并及时向国家有关机关报告;涉及本单位的,应当立即开展调查,采取有效的防范或者处理措施,并及时将调查结果报告电信管理机构。

第二十九条　用户与短信息服务提供者发生短信息服务争议的,可以依法向电信管理机构委托的电信用户申诉受理机构申诉。

第五章　监督管理

第三十条　电信管理机构对短信息服务活动实施监督检查时,短信息服务提供者、短信息内容提供者应当予以配合并按照要求提供相关材料。

电信管理机构实施监督检查,应当记录监督检查的情况,不得妨碍短信息服务提供者、短信息内容提供者正常的经营或者服务活动,不得收取任何费用。

第三十一条　电信管理机构实施电信业务经营许可年检时,应当对短信息服务提供者执行本规定的情况进行审查。

第三十二条　电信管理机构应当将短信息服务提供者违反本规定的行为记入信用档案并予以公布。必要时,电信管理机构可以对短信息服务提供者的负责人进行监管谈话。

第六章　法律责任

第三十三条　违反本规定第六条第一款、第十三条规定的,由电信管理机构依据《中华人民共和国电信条例》第六十九条规定处罚。

第三十四条 基础电信业务经营者、短信息服务提供者违反本规定第七条至第十二条、第十五条、第十八条至第二十一条、第二十七条第三款规定的，由电信管理机构依据职权责令限期改正，予以警告，可以并处一万元以上三万元以下罚款，向社会公告。

短信息内容提供者违反本规定第十八条至第二十一条规定的，由有关部门按照国家有关法律、行政法规予以处罚。

第三十五条 违反本规定第十六条规定的，依据《中华人民共和国电信条例》第六十六条规定处罚。

第三十六条 电信管理机构、举报中心工作人员在短信息服务监督管理工作中滥用职权、玩忽职守、徇私舞弊的，依法给予处理；构成犯罪的，依法追究刑事责任。

第七章 附 则

第三十七条 本规定下列用语的含义是：

（一）短信息服务，是指利用电信网向移动电话、固定电话等通信终端用户，提供有限长度的文字、数据、声音、图像等信息的电信业务。

（二）短信息服务提供者，是指提供短信息发送、存储、转发和接收等基础网络服务，以及利用基础网络设施和服务为其他组织和个人发送短信息提供平台的电信业务经营者（包含但不限于基础电信业务、增值电信业务中的信息服务业务和移动通信转售业务经营者）。

（三）短信息内容提供者，是指将其短信息通过短信息服务提供者发送的组织或者个人。

（四）端口类短信息，是指短信息服务提供者利用自有端口或者行业类应用端口发送的短信息。

（五）商业性短信息，是指用于介绍、推销商品、服务或者商业投资机会的短信息。

（六）公益性短信息，是指各级人民政府相关部门等单位向用户发送的，旨在服务社会公共利益，倡导社会公序良俗、预防或处置突发事件、提醒群众防灾避灾等非盈利性质的短信息。

第三十八条 利用互联网向固定电话、移动电话等通信终端用户提供文字、数据、声音、图像等具有短信息特征的信息递送类服务，参照本规定执行。依法需经有关主管部门审核同意的，应当经有关部门审核同意。

第三十九条 本规定自 2015 年 6 月 30 日起施行。

即时通信工具公众信息服务发展管理暂行规定

(2014年8月7日国家互联网信息办公室发布)

第一条 为进一步推动即时通信工具公众信息服务健康有序发展，保护公民、法人和其他组织的合法权益，维护国家安全和公共利益，根据《全国人民代表大会常务委员会关于维护互联网安全的决定》、《全国人民代表大会常务委员会关于加强网络信息保护的决定》、《最高人民法院、最高人民检察院关于办理利用信息网络实施诽谤等刑事案件适用法律若干问题的解释》、《互联网信息服务管理办法》、《互联网新闻信息服务管理规定》等法律法规，制定本规定。

第二条 在中华人民共和国境内从事即时通信工具公众信息服务，适用本规定。

本规定所称即时通信工具，是指基于互联网面向终端使用者提供即时信息交流服务的应用。本规定所称公众信息服务，是指通过即时通信工具的公众账号及其他形式向公众发布信息的活动。

第三条 国家互联网信息办公室负责统筹协调指导即时通信工具公众信息服务发展管理工作，省级互联网信息内容主管部门负责本行政区域的相关工作。

互联网行业组织应当积极发挥作用，加强行业自律，推动行业信用评价体系建设，促进行业健康有序发展。

第四条 即时通信工具服务提供者应当取得法律法规规定的相关资质。即时通信工具服务提供者从事公众信息服务活动，应当取得互联网新闻信息服务资质。

第五条 即时通信工具服务提供者应当落实安全管理责任，建立健全各项制度，配备与服务规模相适应的专业人员，保护用户信息及公民个人隐私，自觉接受社会监督，及时处理公众举报的违法和不良信息。

第六条 即时通信工具服务提供者应当按照"后台实名、前台自愿"的原则，要求即时通信工具服务使用者通过真实身份信息认证后注册账号。

即时通信工具服务使用者注册账号时，应当与即时通信工具服务提供者签订协议，承诺遵守法律法规、社会主义制度、国家利益、公民合法权益、公共秩序、社会道德风尚和信息真实性等"七条底线"。

第七条 即时通信工具服务使用者为从事公众信息服务活动开设公众账号，应当经即时通信工具服务提供者审核，由即时通信工具服务提供者向互联网信息内容主管部门分类备案。

新闻单位、新闻网站开设的公众账号可以发布、转载时政类新闻，取得互联网新闻信息服务资质的非新闻单位开设的公众账号可以转载时政类新闻。其他公众账号未经批准不得发布、转载时政类新闻。

即时通信工具服务提供者应当对可以发布或转载时政类新闻的公众账号加注标识。

鼓励各级党政机关、企事业单位和各人民团体开设公众账号，服务经济社会发展，满足公众需求。

第八条 即时通信工具服务使用者从事公众信息服务活动，应当遵守相关法律法规。

对违反协议约定的即时通信工具服务使用者，即时通信工具服务提供者应当视情节采取警示、限制发布、暂停更新直至关闭账号等措施，并保存有关记录，履行向有关主管部门报告义务。

第九条 对违反本规定的行为，由有关部门依照相关法律法规处理。

第十条 本规定自公布之日起施行。

电话用户真实身份信息登记规定

中华人民共和国工业和信息化部令

第 25 号

《电话用户真实身份信息登记规定》已经 2013 年 6 月 28 日中华人民共和国工业和信息化部第 2 次部务会议审议通过，现予公布，自 2013 年 9 月 1 日起施行。

工业和信息化部部长
2013 年 7 月 16 日

第一条　为了规范电话用户真实身份信息登记活动，保障电话用户和电信业务经营者的合法权益，维护网络信息安全，促进电信业的健康发展，根据《全国人民代表大会常务委员会关于加强网络信息保护的决定》和《中华人民共和国电信条例》，制定本规定。

第二条　中华人民共和国境内的电话用户真实身份信息登记活动，适用本规定。

第三条　本规定所称电话用户真实身份信息登记，是指电信业务经营者为用户办理固定电话、移动电话（含无线上网卡，下同）等入网手续，在与用户签订协议或者确认提供服务时，如实登记用户提供的真实身份信息的活动。

本规定所称入网，是指用户办理固定电话装机、移机、过户，移动电话开户、过户等。

第四条　工业和信息化部和各省、自治区、直辖市通信管理局（以下统称电信管理机构）依法对电话用户真实身份信息登记工作实施监督管理。

第五条 电信业务经营者应当依法登记和保护电话用户办理入网手续时提供的真实身份信息。

第六条 电信业务经营者为用户办理入网手续时,应当要求用户出示有效证件、提供真实身份信息,用户应当予以配合。

用户委托他人办理入网手续的,电信业务经营者应当要求受托人出示用户和受托人的有效证件,并提供用户和受托人的真实身份信息。

第七条 个人办理电话用户真实身份信息登记的,可以出示下列有效证件之一:

(一) 居民身份证、临时居民身份证或者户口簿;

(二) 中国人民解放军军人身份证件、中国人民武装警察身份证件;

(三) 港澳居民来往内地通行证、台湾居民来往大陆通行证或者其他有效旅行证件;

(四) 外国公民护照;

(五) 法律、行政法规和国家规定的其他有效身份证件。

第八条 单位办理电话用户真实身份信息登记的,可以出示下列有效证件之一:

(一) 组织机构代码证;

(二) 营业执照;

(三) 事业单位法人证书或者社会团体法人登记证书;

(四) 法律、行政法规和国家规定的其他有效证件或者证明文件。

单位办理登记的,除出示以上证件之一外,还应当出示经办人的有效证件和单位的授权书。

第九条 电信业务经营者应当对用户出示的证件进行查验,并如实登记证件类别以及证件上所记载的姓名(名称)、号码、住址信息;对于用户委托他人办理入网手续的,应当同时查验受托人的证件并登记受托人的上述信息。

为了方便用户提供身份信息、办理入网手续，保护用户的合法权益，电信业务经营者复印用户身份证件的，应当在复印件上注明电信业务经营者名称、复印目的和日期。

第十条 用户拒绝出示有效证件，拒绝提供其证件上所记载的身份信息，冒用他人的证件，或者使用伪造、变造的证件的，电信业务经营者不得为其办理入网手续。

第十一条 电信业务经营者在向电话用户提供服务期间及终止向其提供服务后两年内，应当留存用户办理入网手续时提供的身份信息和相关材料。

第十二条 电信业务经营者应当建立健全用户真实身份信息保密管理制度。

电信业务经营者及其工作人员对在提供服务过程中登记的用户真实身份信息应当严格保密，不得泄露、篡改或者毁损，不得出售或者非法向他人提供，不得用于提供服务之外的目的。

第十三条 电话用户真实身份信息发生或者可能发生泄露、毁损、丢失的，电信业务经营者应当立即采取补救措施；造成或者可能造成严重后果的，应当立即向相关电信管理机构报告，配合相关部门进行的调查处理。

电信管理机构应当对报告或者发现的可能违反电话用户真实身份信息保护规定的行为的影响进行评估；影响特别重大的，相关省、自治区、直辖市通信管理局应当向工业和信息化部报告。电信管理机构在依据本规定作出处理决定前，可以要求电信业务经营者暂停有关行为，电信业务经营者应当执行。

第十四条 电信业务经营者委托他人代理电话入网手续、登记电话用户真实身份信息的，应当对代理人的用户真实身份信息登记和保护工作进行监督和管理，不得委托不符合本规定有关用户真实身份信息登记和保护要求的代理人代办相关手续。

第十五条 电信业务经营者应当对其电话用户真实身份信息登记和保护情况每年至少进行一次自查，并对其工作人员进行电话用户真实身份信息登记和保护相关知识、技能和安全责任培训。

第十六条 电信管理机构应当对电信业务经营者的电话用户真实身份信息登记和保护情况实施监督检查。电信管理机构实施监督检查时，可以要求电信业务经营者提供相关材料，进入其生产经营场所调查情况，电信业务经营者应当予以配合。

电信管理机构实施监督检查，应当记录监督检查的情况，不得妨碍电信业务经营者正常的经营或者服务活动，不得收取任何费用。

电信管理机构及其工作人员对在实施监督检查过程中知悉的电话用户真实身份信息应当予以保密，不得泄露、篡改或者毁损，不得出售或者非法向他人提供。

第十七条 电信业务经营者违反本规定第六条、第九条至第十五条的规定，或者不配合电信管理机构依照本规定开展的监督检查的，由电信管理机构依据职权责令限期改正，予以警告，可以并处一万元以上三万元以下罚款，向社会公告。其中，《中华人民共和国电信条例》规定法律责任的，依照其规定处理；构成犯罪的，依法追究刑事责任。

第十八条 用户以冒用、伪造、变造的证件办理入网手续的，电信业务经营者不得为其提供服务，并由相关部门依照《中华人民共和国居民身份证法》、《中华人民共和国治安管理处罚法》、《现役军人和人民武装警察居民身份证申领发放办法》等规定处理。

第十九条 电信管理机构工作人员在对电话用户真实身份信息登记工作实施监督管理的过程中玩忽职守、滥用职权、徇私舞弊的，依法给予处理；构成犯罪的，依法追究刑事责任。

第二十条 电信业务经营者应当通过电话、短信息、书面函件或者公告等形式告知用户并采取便利措施，为本规定施行前尚未提供真实身份信息或者所提供身份信息不全的电话用户补办登记手续。

电信业务经营者为电话用户补办登记手续，不得擅自加重用户责任。

电信业务经营者应当在向尚未提供真实身份信息的用户确认提供服务时，要求用户提供真实身份信息。

第二十一条 本规定自2013年9月1日起施行。

移动电话机商品修理更换退货责任规定

国家质量监督检验检疫总局
国家工商行政管理总局 信息产业部令
第4号

《移动电话机商品修理更换退货责任规定》、《固定电话机商品修理更换退货责任规定》，已经2001年9月5日国家质量监督检验检疫总局局务会议、2001年6月6日国家工商行政管理总局局务会议、2001年8月10日信息产业部部务会议审议通过，现予公布，自2001年11月15日起施行。

国家质检总局局长
国家工商总局局长
信息产业部部长
二〇〇一年九月十七日

第一条 为了切实保护消费者的合法权益，明确移动电话机商品销售者、修理者和生产者的修理、更换、退货（以下称"三包"）责任和义务，根据《中华人民共和国产品质量法》、《中华人民共和国消费者权益保护法》、《中华人民共和国电信条例》制定本规定。

第二条 本规定适用于在中华人民共和国境内销售的由无线接入的移动电话机商品（包括手持式移动电话机、车载移动电话机、固定台站电话机及其附件，见本规定附录1《实施三包的移动电话机商品目录》）

第三条 移动电话机商品实行谁销售谁负责三包的原则。销售者与生产者或供货者、销售者与修理者、生产者或供货者与修理者之间订立的合同，不得免除本规定的三包责任和义务。

第四条 本规定是实行移动电话机商品三包的最基本要求。国家鼓励销售者、生产者作出更有利于维护消费者合法权益的、严于本规定的三包承诺。承诺作为明示担保，应当依法履行，否则应当依法承担责任。

第五条 销售者应当承担以下责任和义务：

（一）销售移动电话机商品，应当严格执行本规定；

（二）应当执行进货检查验收制度；

（三）应当采取措施，保持销售的移动电话机商品的质量；

（四）销售时，应当符合以下要求：

1. 开箱检验，正确调试，当面向消费者交验移动电话机商品；

2. 核对移动电话机主机机身号（IMEI 串号）和进网标志、附件的出厂序号（批号）、产品商标和型号；

3. 介绍产品的基本性能，使用、维护和保养方法，以及三包方式和修理者；

4. 提供三包凭证、有效发货票，三包凭证应当准确完整地填写（见附录2《移动电话机商品三包凭证》）并加盖销售者印章，有效发货票应当注明主机机身号（IMEI 串号）、附件的出厂序号（批号）、产品商标及型号、销售日期、销售者印章、金额等内容；

（五）不得销售不符合法定标识要求、不符合说明书等明示的性能及功能，或者产品质量不合格的移动电话机商品；不得销售未标注生产日期的电池；

（六）在三包有效期内，移动电话机商品出现故障，销售者应当根据本规定承担三包责任，不得故意拖延或无理拒绝；

（七）妥善处理消费者的查询、投诉，并提供服务。

第六条 修理者应当承担以下责任和义务：

（一）修理者应当具有行业主管部门委托的维修资质审批机构颁发的证书，维修人员应当经培训考核，持证上岗；

（二）承担三包有效期内的免费修理业务和三包有效期外的收费修理业务；

（三）维护销售者、生产者的信誉，应使用与产品技术要求和质量标准要求相符的新的零配件；认真记录修理前故障情况、故障处理情况和修理后的质量状况；

（四）按有关修理代理合同或者协议的约定，保证修理费用和修理配件全部用于修理；接受销售者或者生产者的监督和检查；

（五）保持常用维修配件的储备量，确保维修工作正常进行，避免因零配件缺少而延误维修时间；

（六）向消费者当面交验修理好的移动电话机商品并如实完整地在三包凭证上填写修理者名称、地址、邮政编码、电话及维修记录；

（七）承担因自身修理过错造成的责任和损失；

（八）妥善处理消费者投诉，接受消费者有关商品修理质量的查询。

第七条 生产者（进口者视同生产者）应当承担以下责任和义务：

（一）具有信息产业部颁发的电信设备进网许可证书；移动电话机主机机身贴有进网许可标志，并随机携带该机型的产品使用说明书、合格证和三包凭证；产品说明书应当按国家标准 GB 5296.1《消费品使用说明总则》规定要求编写，应当明确产品的功能特点、适用范围、使用、维护与保养方法、注意和警示事项、常规故障判断等；三包凭证应当符合本规定附录2《移动电话机商品三包凭证》的要求；

（二）保证移动电话机商品符合法定标识要求、符合产品说明书等明示的性能及功能，保证产品质量合格；应当明示待机时间，在电池显著位置清晰地标注生产日期；

（三）应当自行设置或者指定与销售规模相适应的具有维修资质证书的修理者负责三包有效期内的修理，并提供修理者的名称、地址、邮政编码、联系电话等；修理者名称和地址撤销或者变更的，应当及时公告；

（四）按照有关修理代理合同或者协议的约定，提供三包有效期内发生的维修费用；维修费用在产品流通的各个环节不得截留，应当最终全部支付给修理者；

（五）按照有关修理代理合同或者协议的约定，提供足够的合格零配件；保证能够在产品停产后二年内，继续提供符合技术要求的零配件；

（六）按照有关修理代理合同或者协议的约定，提供必需的维修技术软件、技术资料、技术培训等技术支持；

（七）妥善处理消费者的投诉、查询，并提供咨询服务。

第八条 移动电话机主机三包有效期为一年，附件的三包有效期见附录1《实施三包的移动电话机商品目录》。三包有效期自开具发货票之日起计算，扣除因修理占用、无零配件待修延误的时间。三包有效期的最后一天为法定休假日的，以休假日的次日为三包有效期的最后一天。

第九条 在三包有效期内，消费者依照本规定享受修理、更换、退货的权利，修理、换货、退货应当凭发货票和三包凭证办理。

消费者丢失发货票和三包凭证，但能够提供发货票底联或者发货票（底联）复印件等有效证据，证明该移动电话机商品在三包有效期内的，销售者、修理者、生产者应当依照本规定承担免费修理、更换责任。

消费者丢失发货票和三包凭证，且不能提供发货票底联或者发货票（底联）复印件等有效证据，但依照主机机身号（IMEI 串号）显示的出厂日期推算仍在三包有效期内的，应当以出厂日期后的第 90 日为三包有效期的起始日期，销售者、修理者、生产者应当按照本规定负责免费修理。

第十条 在三包有效期内，移动电话机主机出现质量问题的，由修理者免费修理。修理者应当保证修理后的移动电话机商品能够正常使用 30 日以上。

第十一条 自售出之日起 7 日内，移动电话机主机出现附录 3《移动电话机商品性能故障表》所列性能故障的，消费者可以选择退货、换货或者修理。消费者要求换货时，销售者应当免费为消费者更换同型号同规格的移动电话机。消费者要求退货时，销售者应当负责免费为消费者退货，并按发货票价格一次退清货款。

第十二条 自售出之日起第 8 日至第 15 日内，移动电话机主机出现附录 3《移动电话机商品性能故障表》所列性能故障的，消费者可以选择换货或者修理。消费者要求换货时，销售者应当免费为消费者更换同型号同规格的移动电话机主机。

第十三条 在三包有效期内，移动电话机主机出现附录 3《移动电话机商品性能故障表》所列性能故障，经两次修理，仍不能正常使用的，凭三包凭证中修理者提供的修理记录，由销售者负责为消费者免费更换同型号同规格的移动电话机主机。

第十四条 在三包有效期内，电池、充电器、移动终端卡、外接有线耳机、数据接口卡等移动电话机附件出现本规定附录 3《移动电话机商品性能故障表》所列性能故障的，销售者应当为消费者免费更换同品牌同型号同规格的附件。更换两次仍不能正常使用的，销售者应当负责免费为消费者退货，单独销售的，按发货票价格一次退还货款；与主机一起销售的，按退货当时单独销售的价格一次退还货款。

第十五条 送修的移动电话机主机在 7 日内不能修好的,修理者应当免费给消费者提供备用机,待原机修好后收回备用机。

第十六条 因生产者未按合同或者协议提供零配件,使维修者延误了维修时间,并自送修之日起超过 60 日未修好的,凭发货票和三包凭证中修理者提供的修理记录,由销售者负责免费为消费者更换同型号同规格的移动电话机主机。

第十七条 因修理者自身原因,使修理时间超过 30 日未修好的,凭发货票和三包凭证中修理者提供的修理记录由销售者负责免费为消费者更换同型号同规格的移动电话机主机。

第十八条 符合换货条件,但销售者无同型号同规格商品,消费者不愿意调换其他型号规格的商品而要求退货的,销售者应当负责免费为消费者退货,并按发货票的价格一次退清货款。

第十九条 符合换货条件,并且销售者有同型号同规格移动电话机商品,消费者不愿意调换而要求退货的,销售者应当予以退货,但对于使用过的商品应当按本规定附录 1《实施三包的移动电话机商品目录》规定的折旧率收取折旧费。折旧费的计算日期自开具发货票之日起至退货之日止,其中应当扣除修理占用和待修时间。

第二十条 换货时,应当提供新的商品。

第二十一条 换货后,商品三包有效期自换货之日起重新计算。由销售者在发货票背面加盖印章,注明更换日期,并提供新的三包凭证。

第二十二条 销售者按本规定为消费者退货、换货后,属于生产者、供货者责任的,依法向负有责任的生产者、供货者追偿,或者按购销合同办理;属于修理者责任的,依法向修理者追偿,或者按代理修理合同或者协议办理。生产者、供货者按照上述规定赔偿后,属于修理者责任的,依法向修理者追偿,或者按代理修理合同或者协议办理。

第二十三条　对于在经营活动中赠送的移动电话机商品,应当按照本规定承担三包责任。

第二十四条　属下列情况之一的移动电话机商品,不实行三包,但可以实行合理的收费修理:

(一) 超过三包有效期的;

(二) 无三包凭证及有效发货票的,但能够证明该移动电话机商品在三包有效期内的除外;

(三) 三包凭证上的内容与商品实物标识不符或者涂改的;

(四) 未按产品使用说明书要求使用、维护、保养而造成损坏的;

(五) 非承担三包的修理者拆动造成损坏的;

(六) 因不可抗力造成损坏的。

第二十五条　生产者、销售者、修理者破产、倒闭、兼并、分立的,其三包责任按国家有关法律法规执行。

第二十六条　消费者因商品三包问题与销售者、修理者、生产者发生纠纷时,可以向消费者协会、信息产业部门移动电话机(电话机)产品质量投诉中心、质量管理协会用户委员会和其他有关组织申请调解,有关组织应当积极受理。

第二十七条　销售者、修理者、生产者未按本规定承担三包责任的,消费者可以向产品质量监督部门申诉机构或者工商行政管理部门消费者申诉举报中心申诉,由产品质量监督部门或者工商行政管理部门责令其改正。

销售者、修理者、生产者对消费者提出的修理、更换、退货的要求故意拖延或者无理拒绝的,由工商行政管理部门、产品质量监督部门、信息产业部门依据有关法律法规的规定予以处罚,并向社会公布。

第二十八条　销售者、修理者、生产者未按本规定承担三包责任的,消费者也可以依照《仲裁法》的规定与销售者、修理者或生产者达成仲裁协议,向国家设立的仲裁机构申请裁决;还可以直接向人民法院起诉。

第二十九条 需要进行商品质量检验或者鉴定的,可以委托依法考核合格和授权的产品质量检验机构或者省级以上产品质量监督部门进行产品质量检验或者鉴定。

第三十条 本规定由国家质量监督检验检疫总局、国家工商行政管理总局和信息产业部按职责分工负责解释。

第三十一条 本规定从2001年11月15日起实行。

附录1:

实施三包的移动电话机商品目录

	名 称	三包有效期(年)	折旧率(日)	备 注
主机	手持移动电话机	1	0.5%	
	车载移动电话机	1	0.5%	
	固定台站电话机	1	0.5%	
附件	电池	6个月		
	充电器(充电座)	1		
	外接有线耳机	3个月		
	移动终端卡	1		
	数据接口卡	1		

附录2:

移动电话机商品三包凭证

三包凭证是移动电话机商品出现质量问题时,消费者享受三包权利的凭证。

三包凭证应当包括下列内容:

（1）移动电话机主机及附件型号；
（2）移动电话机主机机身号（IMEI 串号）、附件出厂序号或批号、进网标志扰码号；
（3）商品产地；
（4）销售者名称、地址、邮政编码、联系电话；
（5）销售者印章；
（6）发货票号码；
（7）销售日期；
（8）消费者姓名、地址、邮政编码、联系电话；
（9）修理者名称、地址、邮政编码、联系电话；
（10）维修记录

维修记录项目：送修日期、送修故障情况、故障原因、故障处理情况及退、换货证明、交验日期、维修人员签字。

附录3：

移动电话机商品性能故障表

名　称	性能故障
主机	说明书所列功能失效
	屏幕无显示/错字/漏划
	无法开机、不能正常登录或通信
	无振铃
	拨号错误
	非正常关机
	SIM 卡接触不良
	按键控制失效
	无声响、单向无声或音量不正常
	因结构或材料因素造成的外壳裂损

续表

名　称	性能故障
充电器	不工作或工作不正常、使用指定充电器无法正常充电
电池	充电后手机仍不能正常工作。判断依据为电池容量不小于80%
移动终端卡	不能正常工作
外接有线耳机	不能正常送受话
数据接口卡	不能正常工作

注：网络因素造成的故障除外

固定电话机商品修理更换退货责任规定

国家质量监督检验检疫总局
国家工商行政管理总局 信息产业部令
第 4 号

《移动电话机商品修理更换退货责任规定》、《固定电话机商品修理更换退货责任规定》，已经 2001 年 9 月 5 日国家质量监督检验检疫总局局务会议、2001 年 6 月 6 日国家工商行政管理总局局务会议、2001 年 8 月 10 日信息产业部部务会议审议通过，现予公布，自 2001 年 11 月 15 日起施行。

国家质检总局局长
国家工商总局局长
信息产业部部长
二〇〇一年九月十七日

第一条 为了切实保护消费者的合法权益，明确固定电话机商品销售者、修理者和生产者的修理、更换、退货（以下简称"三包"）责任和义务，根据《中华人民共和国产品质量法》、《中华人民共和国消费者权益保护法》、《中华人民共和国电信条例》制定本规定。

第二条 本规定适用于在中华人民共和国境内销售的，由有线用户线接入的按键电话机、无绳电话机、ISDN 数字电话机及各种功能装置（以下简称固定电话机商品），见本规定附录 1《实施三包的固定电话机商品目录》。

第三条 固定电话机商品实行谁销售谁负责三包的原则。销售者与生产者、销售者与供货者、销售者与修理者之间订立的合同，不得免除本规定的三包责任和义务。

第四条 本规定是固定电话机商品实行三包规定的最基本要求。国家鼓励销售者、生产者制定更有利于维护消费者合法权益的，严于本规定要求的三包承诺。承诺作为明示担保，应当依法履行，否则应当依法承担责任。

第五条 销售者应当承担以下责任和义务：

（一）销售固定电话机商品，应当严格执行本规定；

（二）执行进货检查验收制度，不得销售不符合法定标识要求和不合格的固定电话机；

（三）销售时，向消费者当面交验产品使用说明书明示的全部主附件并试机；提供有效发货票、产品合格证、三包凭证和产品使用说明书；介绍商品性能、使用方法、维护保养事项、三包方式和修理单位，正确填写三包凭证；

（四）对于符合本规定退货或者换货条件的固定电话机商品，应当按照本规定为消费者办理退货或者换货，不得故意拖延推诿，无理拒绝；

（五）对于消费者提出的质量问题负责与生产者或者修理者联系，不得无理拒绝；

（六）妥善处理消费者的查询、投诉，并提供服务。

第六条 修理者应当承担以下责任和义务：

（一）承担三包有效期内的免费修理业务和超过三包有效期的收费修理业务；

（二）修理者应当具有行业主管部门委托的维修资质审核机构颁发的证书，维修人员应当经培训考核，持证上岗；

（三）维护销售者、生产者的信誉，应使用与产品技术要求和质量标准要求相符的新的零配件；认真记录修理前故障情况、故障处理情况和修理后的质量状况；

（四）向消费者当面交验修理好的固定电话机商品和维修记录；

（五）承担因自身修理过错造成的责任和损失；

（六）按有关修理代理合同或协议的约定，保证修理费用和修理配件用于修理，接受销售者、生产者的监督和检查；

（七）保持维修配件的储备量，确保维修工作正常进行，避免因零配件缺少而延误维修时间；

（八）妥善处理消费者的投诉，接受消费者有关商品修理质量的查询。

第七条 生产者（固定电话机进口者视同生产者）应当承担以下责任和义务：

（一）具有信息产业主管部门颁发的电信设备进网许可证书；机身贴有进网许可标志，并随机携带该产品使用说明书、产品合格证和三包凭证；

（二）产品使用说明书应按国家标准 GB5296-1《消费品使用说明总则》的规定编写；

（三）三包凭证应当符合本规定附录2《固定电话机三包凭证》的要求；

（四）生产者应当自行设置或者指定具有资质证书的修理者负责三包有效期内的修理；固定电话机携带的三包凭证或者资料上应注明修理者名称、地址、联系电话等；

（五）按有关修理代理合同或协议的约定，提供三包有效期内发生的修理费用；该费用在产品流通的各个环节不得截留，最终应当全部支付给修理者；

（六）向承担三包的修理者提供合格的、足够的维修配件，满足维修需求，并保证产品停产后二年内继续提供符合技术要求的零配件；

（七）向承担三包的修理者提供技术资料，负责技术培训，检查修理业务，给予技术上的指导；

（八）妥善处理消费者的投诉、查询，并提供咨询服务。

第八条 固定电话机商品的三包有效期见本规定附录1《实施三包的固定电话机商品目录》。三包有效期自开具发货票之日起计算，扣除因修理占用、无零配件待修延误的时间。三包有效期的最后一天为法定休假日的，以休假日的次日为三包有效期的最后一天。

第九条 在三包有效期内，消费者依照本规定享受修理、更换、退货权利，凭发货票和三包凭证办理修理、换货、退货。

如果消费者丢失发货票和三包凭证，但能够提供证据证明该固定电话机商品在三包有效期内，销售者、修理者、生产者应当依照本规定承担修理、更换、退货责任。

第十条 在三包期内，固定电话机商品出现质量问题的，由修理者免费修理。修理者应当保证修理后的固定电话机商品能够正常使用30日以上。

第十一条 自售出之日起7日内，固定电话机商品出现附录3《固定电话机性能故障表》所列性能故障时，消费者可以选择退货、换货或修理。消费者要求退货的，销售者应当免费为消费者退货，并按发货票价格一次退清货款。

第十二条 售出后第8日至15日内，固定电话机商品出现附录3《固定电话机性能故障表》所列性能故障时，由消费者选择换货或者修理。消费者要求换货时，销售者应当免费为消费者调换同型号固定电话机商品。

第十三条 在三包有效期内、固定电话机商品出现本规定附录3《固定电话机性能故障表》所列性能故障，经两次修理，仍不能正常使用的，凭修理者提供的修理记录，由销售者负责为消费者免费调换同型号固定电话机商品。

第十四条　单独销售的电池、电源变压器，在三包有效期内，出现本规定附录3《固定电话机性能故障表》所列性能故障，销售者应当为消费者免费调换同品牌同型号电池、电源变压器；调换后的三包有效期重新计算。调换两次后仍不能正常使用的，销售者应当免费为消费者退货，并按发货票价格一次退清货款。

第十五条　在三包有效期内，符合换货条件的，销售者无同型号固定电话机商品，消费者不愿意调换其他型号的固定电话机商品而要求退货的，销售者应当负责为消费者免费退货，并按发货票价格一次退清货款。

第十六条　在三包有效期内，符合换货条件的，销售者有同型号固定电话机商品、消费者不愿调换而要求退货的，销售者应当予以退货，但应当按本规定附录1《实施三包的固定电话机商品目录》规定的折旧率收取折旧费。

折旧费的计算日期自开具发货票之日起至退货之日止，其中应当扣除修理占用和待修时间。

第十七条　换货时，应当提供新机，凡不合格产品均不得提供给消费者。

第十八条　换货后的三包有效期自换货之日起重新计算。由销售者在发货票背面加盖印章，注明更换日期，并提供新的三包凭证。

第十九条　在三包有效期内固定电话机商品出现故障，由修理者免费（包括材料费和工时费）修理。

第二十条　在三包有效期内，送修的固定电话机商品，在三日内不能修好的，修理者应当免费为消费者提供备用机，待原机修好后收回备用机。

第二十一条　在三包有效期内，送修的固定电话机商品因生产者未按代理修理合同或者协议提供零配件，自送修之日起超过 60 日未修好的，凭发货票和修理者提供的修理记录，由销售者负责免费为消费者调换同型号固定电话机商品。

第二十二条　因修理者自身原因使修理期超过 30 日的，消费者凭发货票和修理者提供的修理记录，由销售者负责免费为消费者调换同型号固定电话机商品。

第二十三条　销售者按本规定为消费者退货、换货后，属于生产者、供货者责任的，依法向负有责任的生产者或者供货者追偿，或者按购销合同办理；属于修理者责任的，依法向负有责任的修理者追偿，或者按代理修理合同或者协议办理。

生产者、供货者赔偿后，属于修理者责任的，依法向修理者追偿，或者按代理修理合同或者协议办理。

第二十四条　属下列情况之一的固定电话机，不实行三包，但可以实行合理的收费修理：

（一）超过三包有效期的；

（二）无三包凭证及有效发货票的，但能够证明该固定电话机商品在三包有效期内的除外；

（三）三包凭证上的内容与商品实物标识不符或者涂改的；

（四）未按产品使用说明书的要求使用、维护、保管而造成损坏的；

（五）非承担三包的修理者拆动造成损坏的；

（六）因不可抗力造成损坏的。

第二十五条　生产者、销售者、修理者破产、倒闭、兼并、分立的，其三包责任按国家有关法律法规执行。

第二十六条　消费者因三包问题与销售者、修理者、生产者发生纠纷时，可以向消费者协会、信息产业部移动电话机（固定电话机）产品质量投诉中心、质量管理协会用户委员会和其它有关组织申请调解,有关组织应当积极受理。

第二十七条 销售者、修理者、生产者未按本规定执行三包的,消费者可以向产品质量监督部门质量申诉机构或者工商行政管理部门消费者申诉举报中心申诉,由产品质量监督部门或者工商行政管理部门责令其改正。

销售者、修理者、生产者对消费者提出的修理、更换、退货要求故意拖延或者无理拒绝的,由工商行政管理部门、产品质量监督部门、信息产业部门依据有关法律法规的规定予以处罚,并向社会公布。

第二十八条 销售者、修理者、生产者未按本规定承担三包责任的,消费者也可以依照《仲裁法》的规定,与销售者、修理者或生产者达成仲裁协议,向国家设立的仲裁机构申请裁决,还可以直接向人民法院起诉。

第二十九条 需要进行产品质量检验或者鉴定的,可以委托依法考核合格和授权的产品质量检验机构或者省级以上产品质量监督部门进行产品质量检验或者鉴定。

第三十条 本规定由国家质量监督检验检疫总局、国家工商行政管理总局和信息产业部按职责分工负责解释。

第三十一条 本规定从2001年11月15日起实行。

附录1:

实施三包的固定电话机商品目录

类型	名称	三包有效期(年)	折旧率(日)
整机	普通电话	1	0.3%
	无绳电话机	1	0.3%
	数字电话机	1	0.3%

续表

类型	名称	三包有效期（年）	折旧率（日）
功能装置	来电显示器	1	0.3%
	无绳电话子机	1	0.3%
	电源变压器	1	无
	充电座	1	无
	充电电池	0.5	无
	音频拨号遥控器	1	0.3%

附录2：

固定电话机三包凭证

三包凭证是固定电话机消费者在产品出现质量问题时，享受三包权利的凭证。三包凭证应当包括下列内容：

（1）固定电话机型号；

（2）固定电话机进网标志扰码号；

（3）产品产地；

（4）出厂日期；

（5）生产者名称；

（6）销售者名称（盖章）；

（7）销售日期；

（8）发货票号码；

（9）消费者姓名、通讯地址、联系电话；

（10）修理单位名称、地址、电话、邮政编码；

（11）维修记录项目：送修日期、送修次数、送修故障情况、故障原因、故障处理情况及退、换货证明、交验日期、维修人员签字。

附录3：

固定电话机性能故障表

名　称	故　障　情　况
整机	
	说明书明示的功能缺项、不正常或功能键失效
	无拨号或错号
	无振铃
	手柄无送话或受话
	免提无送话或受话
	杂音大无法通话（有线电话）
	死机无法恢复或经常性死机
	使用指示灯不亮
	送受话器松动或脱落
	手柄绳接触不良或容易脱机
	拨号盘明显卡键
	叉簧开关失效或不灵活
	LCD显示器不显示、显示错误、显示字缺划
	长途锁锁不住明示的长途号码，锁定后不能拨紧急号码
	录音应答装置不能留言、不能自动应答、录音听不清、遥控失灵
	防盗器防并机盗话失效、偷话告警失灵、对线路产生干扰危害
	自动拨号失灵
功能装置	
来电显示器	不能显示来电电话号码 显示信息错误
音频拨号遥控器	遥控拨号失灵

续表

名 称	故 障 情 况
无绳电话子机	不能实现与座机或者外线通话 说明书明示功能失效
电源变压器	不能正常工作
充电座	无法正常工作
充电电池	不能正常工作

关于进一步整治手机"吸费"问题的通知

工信部联电管〔2010〕668号

各省、自治区、直辖市通信管理局、工商行政管理局，中国电信集团公司、中国移动通信集团公司、中国联合网络通信集团有限公司，工业和信息化部电信用户申诉受理中心，相关单位：

近年来，我国移动通信快速发展，手机的种类和数量日益增加、功能日趋丰富，为消费者日常工作和生活提供了越来越多的便利。但与此同时，各种利用手机实施不法行为的情况也屡禁不绝，特别是2010年以来引起社会广泛关注的手机"吸费"问题，不法分子通过手机中的内置软件，在用户不知情的情况下，或是手机自动点播或订制服务；或是在用户正常操作其他业务时，手机触发点播或订制服务；或是用户点击订制类服务后，未经二次确认，即被扣除相关费用，严重损害消费者合法权益。

针对手机"吸费"问题，工业和信息化部、国家工商行政管理总局高度重视，通过开展拨测检查、滚动抽查、专项整治行动以及强化证后监督等举措，规范手机内置业务，打击不法行为。经过前一段时期的努力，手机"吸费"问题整体上得到一定程度遏制，但未获得进网许可证的非法手机"吸费"现象仍然比较严重。为巩固已有成果、维护消费者合法权益，工业和信息化部、国家工商行政管理总局决定，进一步加大工作力度，继续推进手机"吸费"问题治理相关工作。现将有关事项通知如下：

一、进一步提高认识，不断增强责任感和大局意识、服务意识。治理手机"吸费"问题，是当前整顿和规范电信市场秩序的一项重要工作。各有关方面要以对消费者、对人民群众利益高度负责的精神，深刻认识抓好手机"吸费"问题治理工作的重要意义，加大治理工作力度，维护社会和谐稳定，促进行业持续健康发展。各地通信管理部门、工商行政管理部门要切实加强领导，把此项工作列入重要议事日程，确保各项具体工作要求尽快落到实处。各相关企业要积极开展自查自纠工作，坚持诚信守法经营，自觉维护用户合法权益。

二、加强对相关增值电信业务的监督管理。增值电信业务经营者要严格遵守相关法律、法规规定，规范经营行为，不得制作、使用、提供各类"吸费"软件，不得以任何方式侵害用户合法权益。基础电信企业要加强对合作增值电信业务经营者的业务管理，完善合作协议，严格约定违约责任。建立日常拨测机制，对拨测中发现问题的内置业务及合作伙伴，及时处理、及时通报。对于定制手机，要按照《移动电话机定制管理规定》（工信部电管〔2010〕4号）要求，加强内置业务审查，落实信息安全管理责任，保护消费者合法权益。各地通信管理部门要根据《中华人民共和国电信条例》等相关法律法规，加强对增值电信业务市场的监督管理，依法严肃查处违法、违规增值电信业务经营者。同时，督促基础电信企业完善内部制度规范，加大监督检查力度，确保各项措施落到实处。

三、加大流通领域手机商品质量监督检查力度。各级工商行政管理部门要按照《产品质量法》等法律法规的规定和相关强制性标准的要求，切实加强流通领域，特别是手机连锁销售商场、超市、市场手机商品质量监督检查，强化质量监测和不合格商品退市工作。结合正在开展的打击侵犯知识产权和制售假冒伪劣商品专项行动，加大对手机市场销售假冒伪劣商品以及伪造产地、伪造或者冒用他人厂名厂址等违法行为的打击力度，配合各地通信管理部门严厉查处经销没有或伪造冒用进网许可证、许可标志手机的行为。

四、严格规范手机内置软件。手机生产企业、方案及芯片制造企业要按照国家相关规定，切实加强自律。手机生产企业在申请进网许可时，要提交芯片供应商、软件开发商及软件版本等信息备查。工业和信息化部将依据证后监督机制，对手机内置信息进行抽查，并结合市场情况调整抽查重点。对于抽查中发现问题的企业，将依据《电信设备证后监督管理办法》（信部电〔2005〕448号）的有关规定给予严肃处理。各地通信管理部门要配合做好相关管理工作。

五、加强协调配合，形成管理合力。各地工商行政管理部门、通信管理部门在认真履行各自职责的同时，要发挥12315、12300申诉举报中心的作用，及时受理和依法处理消费者相关申诉举报，并加强对相关咨询、申诉、举报信息的汇总分析和综合利用，适时发布消费提示和警示。要充分发挥通信管理部门的技术管理优势和工商行政管理部门的执法力量优势，加强协调配合，建立沟通、会商机制，及时通报发现问题及案件线索，统一行动，协同推进，形成监管合力。

二〇一〇年十二月二十八日

工业和信息化部关于进一步扩大
宽带接入网业务开放试点范围的通告

工信部通信〔2017〕237号

为落实《国务院办公厅关于进一步做好民间投资有关工作的通知》（国办发明电〔2016〕12号）、《工业和信息化部 国资委关于实施深入推进提速降费、促进实体经济发展2017专项行动的意见》（工信部联通信〔2017〕82号）等文件要求，进一步放开基础电信运营领域，激发民间投资潜力和创新活力，推动形成宽带市场多种主体相互竞争、优势互补、共同发展的市场格局，根据目前宽带接入网业务开放试点情况，我部决定继续扩大试点范围。现将有关事项通告如下：

一、在前期开放试点基础上，继续扩大试点范围。将吉林省、贵州省全部城市纳入宽带接入网业务试点范围；将保定市、张家口市、兰州市、张掖市、酒泉市、武威市、天水市等7个城市纳入试点范围。

二、自文件印发之日起，民营企业可根据《工业和信息化部关于向民间资本开放宽带接入市场的通告》（工信部通〔2014〕577号）等有关规定，向试点城市所在省（自治区、直辖市）通信管理局提出开展宽带接入网业务试点的申请。

三、各省（自治区、直辖市）通信管理局要进一步加大政策宣传解读力度，充分调动民间投资积极性，释放民间投资活力，通过有效竞争促进网速提升、网费下降。同时，加强对不正当竞争行为的监管，促进资源共享，保障用户的自由选择权和企业的公平接入。

四、其他事项按照《工业和信息化部关于向民间资本开放宽带接入市场的通告》（工信部通〔2014〕577号）等有关规定执行。

工业和信息化部
2017年9月27日

关于防范和打击电信网络诈骗犯罪的通告

（2016年9月23日最高人民法院、最高人民检察院、公安部等发布）

电信网络诈骗犯罪是严重影响人民群众合法权益、破坏社会和谐稳定的社会公害，必须坚决依法严惩。为切实保障广大人民群众合法权益，维护社会和谐稳定，根据《中华人民共和国刑法》《中华人民共和国刑事诉讼法》《全国人民代表大会常务委员会关于加强网络信息保护的决定》等有关规定，现就防范和打击电信网络诈骗犯罪相关事项通告如下：

一、凡是实施电信网络诈骗犯罪的人员，必须立即停止一切违法犯罪活动。自本通告发布之日起至2016年10月31日，主动投案、如实供述自己罪行的，依法从轻或者减轻处罚，在此规定期限内拒不投案自首的，将依法从严惩处。

二、公安机关要主动出击，将电信网络诈骗案件依法立为刑事案件，集中侦破一批案件、打掉一批犯罪团伙、整治一批重点地区，坚决拔掉一批地域性职业电信网络诈骗犯罪"钉子"。对电信网络诈骗案件，公安机关、人民检察院、人民法院要依法快侦、快捕、快诉、快审、快判，坚决遏制电信网络诈骗犯罪发展蔓延势头。

三、电信企业（含移动转售企业，下同）要严格落实电话用户真实身份信息登记制度，确保到2016年10月底前全部电话实名率达到96%，年底前达到100%。未实名登记的单位和个人，应按要求对所持有的电话进行实名登记，在规定时间内未完成真实身份信息登记的，一律予以停机。电信企业在为新入网用户办理真实身份信息登记手续时，要通过采取二代身份证识别设备、联网核验等措施验证用户身份信息,并现场拍摄和留存用户照片。

四、电信企业立即开展一证多卡用户的清理,对同一用户在同一家基础电信企业或同一移动转售企业办理有效使用的电话卡达到5张的,该企业不得为其开办新的电话卡。电信企业和互联网企业要采取措施阻断改号软件网上发布、搜索、传播、销售渠道,严禁违法网络改号电话的运行、经营。电信企业要严格规范国际通信业务出入口局主叫号码传送,全面实施语音专线规范清理和主叫鉴权,加大网内和网间虚假主叫发现与拦截力度,立即清理规范一号通、商务总机、400等电话业务,对违规经营的网络电话业务一律依法予以取缔,对违规经营的各级代理商责令限期整改,逾期不改的一律由相关部门吊销执照,并严肃追究民事、行政责任。移动转售企业要依法开展业务,对整治不力、屡次违规的移动转售企业,将依法坚决查处,直至取消相应资质。

五、各商业银行要抓紧完成借记卡存量清理工作,严格落实"同一客户在同一商业银行开立借记卡原则上不得超过4张"等规定。任何单位和个人不得出租、出借、出售银行账户(卡)和支付账户,构成犯罪的依法追究刑事责任。自2016年12月1日起,同一个人在同一家银行业金融机构只能开立一个Ⅰ类银行账户,在同一家非银行支付机构只能开立一个Ⅲ类支付账户。自2017年起,银行业金融机构和非银行支付机构对经设区市级及以上公安机关认定的出租、出借、出售、购买银行账户(卡)或支付账户的单位和个人及相关组织者,假冒他人身份或虚构代理关系开立银行账户(卡)或支付账户的单位和个人,5年内停止其银行账户(卡)非柜面业务、支付账户所有业务,3年内不得为其新开立账户。对经设区市级及以上公安机关认定为被不法分子用于电信网络诈骗作案的涉案账户,将对涉案账户开户人名下其他银行账户暂停非柜面业务,支付账户暂停全部业务。自2016年12月1日起,个人通过银行自助柜员机向非同名账户转账的,资金24小时后到账。

六、严禁任何单位和个人非法获取、非法出售、非法向他人提供公民个人信息。对泄露、买卖个人信息的违法犯罪行为，坚决依法打击。对互联网上发布的贩卖信息、软件、木马病毒等要及时监控、封堵、删除，对相关网站和网络账号要依法关停，构成犯罪的依法追究刑事责任。

七、电信企业、银行、支付机构和银联，要切实履行主体责任，对责任落实不到位导致被不法分子用于实施电信网络诈骗犯罪的，要依法追究责任。各级行业主管部门要落实监管责任，对监管不到位的，要严肃问责。对因重视不够，防范、打击、整治措施不落实，导致电信网络诈骗犯罪问题严重的地区、部门、国有电信企业、银行和支付机构，坚决依法实行社会治安综合治理"一票否决"，并追究相关责任人的责任。

八、各地各部门要加大宣传力度，广泛开展宣传报道，形成强大舆论声势。要运用多种媒体渠道，及时向公众发布电信网络犯罪预警提示，普及法律知识，提高公众对各类电信网络诈骗的鉴别能力和安全防范意识。

九、欢迎广大人民群众积极举报相关违法犯罪线索，对在捣毁特大犯罪窝点、打掉特大犯罪团伙中发挥重要作用的，予以重奖，并依法保护举报人的个人信息及安全。

本通告自发布之日起施行。

工业和信息化部关于进一步防范和打击通讯信息诈骗工作的实施意见

工信部网安函〔2016〕452号

为坚决贯彻党中央、国务院近期系列决策部署,细化落实工业和信息化部等六部门《关于防范和打击电信网络诈骗犯罪的通告》要求,有效防范和打击通讯信息诈骗,切实保障正常通信秩序,保护用户合法权益,维护社会和谐稳定,提出以下实施意见。

一、从严从快全面落实电话用户实名制

(一)加快完成未实名电话存量用户身份信息补登记。各基础电信企业要加快推进未实名老用户补登记,在2016年底前实名率达到100%。各移动转售企业要对170、171号段全部用户进行回访和身份信息确认,对未登记或登记信息错误的用户进行补登记,2016年底前实名率达到100%。在规定时间内未完成补登记的,一律予以停机。

(二)从严做好新入网电话用户实名登记。各基础电信企业和移动转售企业要采取有效的管理和技术措施,确保电话用户登记信息真实、准确、可溯源。为新用户办理入网手续时,要严格落实用户身份证件核查责任,采取二代身份证识别设备、联网核验等措施验证用户身份信息,并现场拍摄和留存办理用户照片。通过网络渠道发展新用户时,要采取在线视频实人认证等技术方式核验用户身份信息。

(三)严格限制一证多卡。2016年底前,各基础电信企业和移动转售企业应全面完成一证多卡用户摸排清理,对在本企业全国范围内已经办理5张(含)以上移动电话卡的存量用户,要对用户身份信息逐一重新核实。同一用户在同一基础电信企业或同一移动转售企业全国范围内办理使用的移动电话卡达到5张的,按照六部委《关于防范和打击电信网络诈骗犯罪的通告》第四条相关要求处理。

(四)强化行业卡实名登记管理。一是各基础电信企业和移动转售企业要对已经在网使用的行业卡实名登记情况进行重新核实,对未登记或登记信息错误的用户进行补登记,2016年底前实名率达到100%。二是对新办理使用行业卡的,要从严审核行业用户单位资质、所需行业卡功能、数量及业务量,按照"功能最小化"原则,屏蔽语音、短信功能,并充分利用技术手段对行业卡使用范围(包括可访问IP地址、端口、通话及短信号码等)、使用场景(如设备IMEI与号卡IMSI一一对应)等进行严格限制和绑定。三是原则上新增的行业卡必须使用13位专用号段,并通过专用网络承载相关业务,特殊情况下需使用11位号段且开通无限制的语音功能的,必须按照公众移动电话用户进行实名登记。四是按照"谁发卡、谁负责"原则,各基础电信企业和移动转售企业要加强对行业卡使用情况的监测和管控,严禁二次销售和违规使用行业卡。对未采取有效监测和管控措施,致使行业卡被倒卖或被用于非行业用户的,从严追究相关企业和负责人的责任。

(五)严格落实代理渠道电话实名制管理要求。各基础电信企业和移动转售企业要进一步严格代理渠道准入,强化代理商资质审核,严格禁止代理渠道擅自委托下级代理。建立委托代理渠道电话入网和实名登记违规责任追究制度,各基础电信企业集团公司要签订电话实名制责任承诺书,各企业建立内部问责机制,对出现不登记、虚假登记、批量开卡、"养卡"等违规行为的代理渠道,一经发现立即取消其代理资格,纳入委托代理渠道黑名单,并从严追究相关基础电信企业省级公司相关部门和负责人责任。各通信管理局要在2016年11月底前组织电信企业完善委托代理渠道黑名单制度,对纳入黑名单的渠道和个人,各电信企业不得委托其办理电话入网和实名登记手续。

二、大力整顿和规范重点电信业务

（六）全面开展存量用户自查清理。2016年11月底前，各基础电信企业要全面完成语音专线和"400"、"一号通"、"商务总机"等存量重点电信业务排查清理。对未进行主体信息登记、虚假登记、登记信息不完整、未登记使用用途或者实际用途与登记用途不符合、资质不符或者存在其他不符合业务运营和使用规范、使用异常的，要督促用户限期整改，问题严重、拒不整改或未按要求整改的，一律依法予以取缔。2016年11月底前，各基础电信企业要将上述重点电信业务自查清理情况书面报部及所在地通信管理局。

（七）从严加强新用户入网审核和管理。一是严格申请主体资格。语音专线和"400"、"一号通"、"商务总机"等重点电信业务的申办主体必须为单位用户，严禁发展个人用户。二是严格办理渠道。用户必须在基础电信企业自有实体渠道申请办理上述重点电信业务，并由基础电信企业负管理责任，严禁代理渠道或网络渠道代为办理。三是严格资质核验。申请用户应当提供单位有效证照（企业用户应当提供营业执照，政府部门、事业单位、社会团体用户应当提供组织机构代码证）、法定代表人的有效身份证件、申请单位办理人的有效身份证件，属申请资源经营电信业务的，要同时提供相应的电信业务许可证。基础电信企业要严格核验、登记与留存上述证照信息以及业务使用用途。四是严格申请数量。同一用户在同一基础电信企业全国范围内申请"400"、"一号通"、"商务总机"等重点业务号码，每类原则上不得超过5个。五是严格台账管理。各基础电信企业集团公司和各省级公司要在2016年底前分别建立上述重点电信业务统一台账，并动态更新管理，确保监管部门可随时依法查询用户的登记情况、使用状态和业务变更记录。

（八）从严加强业务外呼管理。一是严格外呼审批。用户申请"400"、"商务总机"外呼以及自带95、96等字头短号码通过租用语音专线开展外呼的，必须由基础电信企业省级及以上公司从严审批并负管理责任，业务合同中必须明示允许的外呼号码或号段以及外呼用途、时段、频次等。新增"一号通"一律禁止外呼。二是建立外呼白名单制度。各基础电信企业允许外呼的上述重点电信业务号码必须为本网实际开通的、属本企业分配的号码或号段，并统一纳入白名单管理，对白名单以外的外呼号码一律进行拦截。通过本网中继外呼时，严禁使用它网的固定、移动用户号码或"400"等业务号码。

（九）强化业务合同责任约束。各基础电信企业要进一步强化上述重点电信业务合同约束，细化责任条款，明确规定发现冒用或伪造身份证照、违法使用、违规外呼、呼叫频次异常、超约定用途使用、转租转售、被公安机关通报以及用户就上述问题投诉较多等情况的，核实确认后，一律终止业务接入。2016年底前，各基础电信企业要与存量用户全部补签订相关责任条款。

（十）建立健全业务使用动态复核机制。2016年底前，各基础电信企业要采取必要的管理与技术措施，建立随机拨测、现场随机巡检、用户资质年度复核等制度，加强对重点电信业务使用的动态管理。发现违规使用的，依据相关管理规范和业务协议从严从重处置，并通报通信管理部门依法依规处理，涉嫌违法犯罪的通报公安机关。

三、坚决整治网络改号问题

（十一）严格规范号码传送和使用管理。一是严格防范国际改号呼叫。各基础电信企业要对从境外诈骗电话来话高发区输入的国际来话进行重点管理甄别，对"+86"等不规范国际来话，以及公安机关核实通报的伪造国内公检法和党政部门便民电话的虚假主叫号码，在国际通信业务出入口局一律进行拦截。对携带"通用号码"的来话，在国际通信业务出入口局和国内网间互联互通关口局将其"通用号码"信息一律予以删除。二是严格规范主叫号码传送。落实号码传送行业规定和有关行业标准。禁止违规传送主叫号码为空号或设置主叫号码禁显的呼叫。各基础电信企业在网间关口局对不符合号码管理、网间互联规定和标准的违规呼叫、违规号码一律进行拦截。从严管理语音专线呼叫转移业务功能，确需开通的，应当由基础电信企业集团公司统一审核并建立台账；各基础电信企业要在2016年11月底前全面完成已经开通的语音专线呼叫转移功能排查清理。三是严格号码使用管理。号码使用者应当严格遵循号码管理的各项规定，按照通信管理部门批准的地域、用途、位长格式规范使用号码，禁止转让。四是提升网络改号电话发现处置能力。各基础电信企业要会同国家计算机网络与信息安全管理中心等单位，开展网络改号电话检测技术研究，进一步提升对网络改号电话的监测、发现、拦截、处置能力。

（十二）全面落实语音专线主叫鉴权机制。2016年底前，各基础电信企业语音专线主叫鉴权比例按规范达到100%，对未按规范进行主叫鉴权的呼叫一律拦截。同时，建立主叫呼叫过程的鉴权日志留存和稽核等机制，发现传送非业务合同约定的主叫号码的语音专线一律关停，对存在私自转接国际来话、为非法VoIP和改号电话提供语音落地、转租转售等严重问题的专线用户，应全面终止与其合作，并报通信管理部门依法依规处理。

（十三）建立网络改号呼叫源头倒查和打击机制。严禁违法网络改号电话的运行、经营。对用户举报以及公安机关通报的网络改号电话等，通信管理部门组织基础电信企业联动倒查其话务落地源头，对为改号呼叫落地提供电信线路等资源的单位或个人，立即清理停止相关电信线路接入；涉及电信企业的，依法予以处理，并严肃追究相关部门和人员的管理责任；涉嫌违法犯罪的通报公安机关。各基础电信企业要建立健全内部快速倒查机制，设立专人负责工作对接，并按照通信管理部门规定时限要求留存信令数据。基础电信企业因规定的信令留存时限不满足等自身原因致使倒查工作无法开展的，作为改号电话呼叫来源责任方。

（十四）坚决清理网上改号软件。2016年11月底前，相关互联网企业要通过关键词屏蔽、软件下架、信息删除和账户封停等方式，对网站页面、搜索引擎、手机应用软件商城、电商平台、社交平台上的改号软件信息进行深入清理，切断下载、搜索、传播、兜售改号软件的渠道。

四、不断提升技术防范和打击能力

（十五）抓紧完成企业侧技术手段建设。各基础电信企业要按照部《关于进一步做好防范打击通讯信息诈骗相关工作的通知》（工信部网安函〔2015〕601号）以及《基础电信企业防范打击通讯信息诈骗不良呼叫号码处置技术能力要求》（工信厅网安〔2016〕143号）相关要求，在2016年底前全面建成防范打击通讯信息诈骗业务管理系统和用户终端侧安全提示服务两类技术手段，2017年3月底前全面建成网内和网间不良呼叫号码监测处置系统，综合运用多种技术手段持续提升企业侧技术防范打击能力。

（十六）进一步打击"伪基站"、"黑广播"。各地无线电管理机构要充分发挥技术优势，进一步提升对"伪基站"、"黑广播"的监测定位、逼近查找等技术支持能力，完善与公安、广电、民航、工商等相关部门的重大案件情况通报机制，积极配合做好"伪基站"、"黑广播"查处打击工作。

五、加强行业用户个人信息保护

（十七）严格保护行业用户个人信息。电信和互联网企业要严格落实《全国人民代表大会常务委员会关于加强网络信息保护的决定》、《电信和互联网用户个人信息保护规定》（工业和信息化部令第24号）等规定，严格用户个人信息使用内部管理，采取必要的网络安全技术保障措施。2016年11月底前，各基础电信企业、移动转售企业和互联网企业要全面完成用户个人信息保护自查，重点检查营业厅、代理点等环节用户个人信息保护管理和涉及用户个人信息系统的安全防护，加强内部安全审计，严肃处理非法出售、泄露用户个人信息的问题。部将结合2016年网络安全防护检查工作，对基础电信企业、重点移动转售企业和互联网企业开展抽查，对于明知存在严重安全隐患仍不采取措施的，严肃查处并公开曝光。

（十八）强化手机应用软件监督管理。加大技术检测力度，按照"发现、取证、处置、曝光"工作机制，对手机应用软件收集、使用用户个人信息情况进行技术检测，对发现的违规应用软件统一下架和公开曝光，并依法查处违规企业。

六、强化社会监督与宣传教育

（十九）强化监督举报受理与处置。一是各基础电信企业和移动转售企业要进一步完善用户举报渠道和方式，建立健全举报奖励制度，设立专区及时受理与处置涉嫌通讯信息诈骗用户举报。中国互联网协会要充分发挥12321举报平台作用，建立电话、短信、网站、手机APP等多渠道举报机制。二是对公安机关通报的以及12321举报中心受理的用户投诉举报情况，各基础电信企业和移动转售企业要逐一认真核查，并对存在的问题进行及时整改和严肃追责。

（二十）加强宣传提升用户防范能力。一是各基础电信企业和移动转售企业要充分运用传统媒体、新媒体以及短彩信等渠道，及时向用户宣传提醒通讯信息诈骗类型和危害。二是各基础电信企业和互联网企业应向国内手机用户免费提供涉嫌通讯信息诈骗来电号码标注提醒和风险防控警示。部支持中国信息通信研究院等第三方单位，整合各类监测举报资源和手机用户标记资源，实现行业内资源共享。

七、强化行业监管与责任追究

（二十一）强化属地通信管理部门行业监管责任。一是各通信管理局要及时对辖区基础电信企业防范打击通讯信息诈骗工作责任落实情况开展监督检查，并将检查结果纳入基础电信企业省级公司信息安全责任考核，从严扣分，同时依法依规实施行政处罚、公开曝光。二是各通信管理局要善用外部监督，根据用户举报和公安机关通报情况，对连续三个月被举报率排名全国前5位，或者被公安机关点名通报的基础电信企业省级公司，视情节严重程度采取约谈、责令整改、通报、公开曝光等措施。三是各通信管理局应按照《关于加强依法治理电信市场的若干规定》（信部政〔2003〕453号）相关规定，及时反映通报基础电信企业省级公司防范打击通讯信息诈骗工作责任落实情况，作为相关基础电信企业集团公司对省级公司领导班子成员开展考核、干部调整时的重要依据。

（二十二）建立健全基础电信企业责任追究机制。一是各基础电信企业集团公司要健全内部责任追究制度，实行防范打击通讯信息诈骗工作责任一票否决制，并在2016年12月底前，将本公司防范打击通讯信息诈骗工作责任追究制度报部审核后，向社会公布。二是基础电信企业要强化制度执行，层层签署责任书，对于未有效建立和实施业务规范、技术防范、监督检查、考核追责、教育培训等防范打击工作管理制度闭环体系，以及责任落实不到位特别是导致大案要案发生的，根据公安机关的案件通报和监管部门的责任认定意见，基础电信企业集团公司要严肃处理涉事分支机构，追究其主要领导和相关责任人员的责任，并对省级公司及集团公司相关部门领导及相关责任人采取通报、约谈、降级直至责令免职等追究措施。有关追责情况及时报部和相关通信管理局。三是各基础电信企业集团公司对下属机构的违规行为，在公司内部管理考核中从严扣分。

（二十三）健全移动转售业务监管和违规退出机制。将170、

171号段实名制等管理要求落实情况、公安机关通报的重大涉案情况、用户投诉举报问题突出情况等，作为移动转售企业申请扩大经营范围、增加码号资源、发放正式经营许可的一票否决项，对问题较为严重、整改不力的，一律暂停新增码号资源、扩大试点范围等相关申请受理，对问题情节严重、屡教屡犯的，依法取消其相关资质。

（二十四）加大对增值电信业务经营者和代理商违法违规行为的惩处力度。一是对查实的违法违规电信业务经营者，由通信管理部门通报工商部门，依法纳入企业信用信息基础数据库，并适时向社会公布。二是对查实的违法增值电信企业，依法责令相关业务停业整顿直至吊销相关电信业务许可证，并按照《电信业务经营许可管理办法》等相关规定，3年内不予审批新的电信业务经营许可。三是对查实的存在严重违规行为的代理商，相关电信企业要一律取消其代理资质。四是加大曝光力度，对违规经营行为定期或不定期向社会曝光。

（二十五）建立通信行业防范打击通讯信息诈骗"黑名单"共享机制。部委托中国信息通信研究院牵头建立通信行业防范打击通讯信息诈骗"黑名单"全国共享库。对在防范和打击通讯信息诈骗工作中被相关部门认定违规的企业和个人，纳入黑名单，对其营业执照、法人信息、违规行为等进行详细分类记录，在全行业实现信息共享。各基础电信企业对黑名单用户在申请成为业务代理以及申请使用语音专线、"400"、"商务总机"等重点电信业务时一律拒绝受理。

八、切实强化防范治理的工作保障

（二十六）进一步加强组织保障。各基础电信企业、移动转售企业和相关互联网企业要进一步健全内部网络信息安全组织体系，明确本企业防范打击通讯信息诈骗责任部门，明确其工作组织实施和内部监督考核问责职责。其中，各基础电信企业在集团公司层面要进一步健全专职网络信息安全部门,切实加强组织领导,充实工作力量,加强本企业防范打击通讯信息诈骗工作的组织保障。国家计算机网络与信息安全管理中心、中国信息通信研究院等单位要建立健全管理支撑组织体系,明确相应管理支撑部门,配齐配足人员力量,进一步强化防范打击通讯信息诈骗技术保障和法律政策研究能力,全力支撑做好防范治理相关工作。

(二十七)进一步健全安全制度体系。各基础电信企业、移动转售企业和相关互联网企业应建立防范打击通讯信息诈骗安全管理制度,建立相关业务规范、考核奖惩、教育培训、安全事件报告等制度,制定重大突发事件应急处置预案,加强与通信管理部门工作配合和信息共享。

(二十八)进一步加强通讯信息诈骗风险评估防范。各基础电信企业、移动转售企业和相关互联网企业要针对"一卡双号"、"融合通信"、"短信营业厅"等可能引发通讯信息诈骗风险的存量业务,重新组织开展全流程、全环节的安全评估,积极消除安全隐患;对拟新上线的业务,要把通讯信息诈骗风险作为安全评估重点内容,对存在通讯信息诈骗高安全风险的业务一律禁止上线。

(二十九)进一步加强信息通报工作。自本意见发布之日起,各单位应当全面对照工作任务分工表(见附件),将本单位防范打击通讯信息诈骗工作进展、经验做法、存在问题和相关建议情况,于每月1日和15日报部防范打击通讯信息诈骗工作领导小组办公室(网络安全管理局),重大情况及时报告。

各地区、各单位要以对党对人民高度负责的精神,切实增强使命感、责任感和紧迫感,把防范和打击通讯信息诈骗工作作为当前一项重大政治任务和重要民生工程,进一步加强组织领导,细化工作措施,坚决压实责任,加大工作力度,尽快取得实质性成效,实现根本性好转,使人民群众有获得感,推动通信行业健康可持续发展。

联系电话：网络安全管理局 010-68206186/6189；
信息通信管理局 010-66020117；
信息通信发展司 010-68206318；
无线电管理局 010-68206262。

附件：防范和打击通讯信息诈骗工作任务分工表（略）

工业和信息化部
2016 年 11 月 4 日

最高人民法院、最高人民检察院、公安部关于办理电信网络诈骗等刑事案件适用法律若干问题的意见

法发〔2016〕32号

为依法惩治电信网络诈骗等犯罪活动,保护公民、法人和其他组织的合法权益,维护社会秩序,根据《中华人民共和国刑法》《中华人民共和国刑事诉讼法》等法律和有关司法解释的规定,结合工作实际,制定本意见。

一、总体要求

近年来,利用通讯工具、互联网等技术手段实施的电信网络诈骗犯罪活动持续高发,侵犯公民个人信息,扰乱无线电通讯管理秩序,掩饰、隐瞒犯罪所得、犯罪所得收益等上下游关联犯罪不断蔓延。此类犯罪严重侵害人民群众财产安全和其他合法权益,严重干扰电信网络秩序,严重破坏社会诚信,严重影响人民群众安全感和社会和谐稳定,社会危害性大,人民群众反映强烈。

人民法院、人民检察院、公安机关要针对电信网络诈骗等犯罪的特点,坚持全链条全方位打击,坚持依法从严从快惩处,坚持最大力度最大限度追赃挽损,进一步健全工作机制,加强协作配合,坚决有效遏制电信网络诈骗等犯罪活动,努力实现法律效果和社会效果的高度统一。

二、依法严惩电信网络诈骗犯罪

(一)根据《最高人民法院、最高人民检察院关于办理诈骗刑事案件具体应用法律若干问题的解释》第一条的规定,利用电信网络技术手段实施诈骗,诈骗公私财物价值三千元以上、三万元以

上、五十万元以上的,应当分别认定为刑法第二百六十六条规定的"数额较大""数额巨大""数额特别巨大"。

二年内多次实施电信网络诈骗未经处理,诈骗数额累计计算构成犯罪的,应当依法定罪处罚。

(二)实施电信网络诈骗犯罪,达到相应数额标准,具有下列情形之一的,酌情从重处罚:

1. 造成被害人或其近亲属自杀、死亡或者精神失常等严重后果的;

2. 冒充司法机关等国家机关工作人员实施诈骗的;

3. 组织、指挥电信网络诈骗犯罪团伙的;

4. 在境外实施电信网络诈骗的;

5. 曾因电信网络诈骗犯罪受过刑事处罚或者二年内曾因电信网络诈骗受过行政处罚的;

6. 诈骗残疾人、老年人、未成年人、在校学生、丧失劳动能力人的财物,或者诈骗重病患者及其亲属财物的;

7. 诈骗救灾、抢险、防汛、优抚、扶贫、移民、救济、医疗等款物的;

8. 以赈灾、募捐等社会公益、慈善名义实施诈骗的;

9. 利用电话追呼系统等技术手段严重干扰公安机关等部门工作的;

10. 利用"钓鱼网站"链接、"木马"程序链接、网络渗透等隐蔽技术手段实施诈骗的。

(三)实施电信网络诈骗犯罪,诈骗数额接近"数额巨大""数额特别巨大"的标准,具有前述第(二)条规定的情形之一的,应当分别认定为刑法第二百六十六条规定的"其他严重情节""其他特别严重情节"。

上述规定的"接近",一般应掌握在相应数额标准的百分之八十以上。

（四）实施电信网络诈骗犯罪，犯罪嫌疑人、被告人实际骗得财物的，以诈骗罪（既遂）定罪处罚。诈骗数额难以查证，但具有下列情形之一的，应当认定为刑法第二百六十六条规定的"其他严重情节"，以诈骗罪（未遂）定罪处罚：

1. 发送诈骗信息五千条以上的，或者拨打诈骗电话五百人次以上的；

2. 在互联网上发布诈骗信息，页面浏览量累计五千次以上的。

具有上述情形，数量达到相应标准十倍以上的，应当认定为刑法第二百六十六条规定的"其他特别严重情节"，以诈骗罪（未遂）定罪处罚。

上述"拨打诈骗电话"，包括拨出诈骗电话和接听被害人回拨电话。反复拨打、接听同一电话号码，以及反复向同一被害人发送诈骗信息的，拨打、接听电话次数、发送信息条数累计计算。

因犯罪嫌疑人、被告人故意隐匿、毁灭证据等原因，致拨打电话次数、发送信息条数的证据难以收集的，可以根据经查证属实的日拨打人次数、日发送信息条数，结合犯罪嫌疑人、被告人实施犯罪的时间、犯罪嫌疑人、被告人的供述等相关证据，综合予以认定。

（五）电信网络诈骗既有既遂，又有未遂，分别达到不同量刑幅度的，依照处罚较重的规定处罚；达到同一量刑幅度的，以诈骗罪既遂处罚。

（六）对实施电信网络诈骗犯罪的被告人裁量刑罚，在确定量刑起点、基准刑时，一般应就高选择。确定宣告刑时，应当综合全案事实情节，准确把握从重、从轻量刑情节的调节幅度，保证罪责刑相适应。

（七）对实施电信网络诈骗犯罪的被告人，应当严格控制适用缓刑的范围，严格掌握适用缓刑的条件。

（八）对实施电信网络诈骗犯罪的被告人，应当更加注重依法适用财产刑，加大经济上的惩罚力度，最大限度剥夺被告人再犯的能力。

三、全面惩处关联犯罪

（一）在实施电信网络诈骗活动中，非法使用"伪基站""黑广播"，干扰无线电通讯秩序，符合刑法第二百八十八条规定的，以扰乱无线电通讯管理秩序罪追究刑事责任。同时构成诈骗罪的，依照处罚较重的规定定罪处罚。

（二）违反国家有关规定，向他人出售或者提供公民个人信息，窃取或者以其他方法非法获取公民个人信息，符合刑法第二百五十三条之一规定的，以侵犯公民个人信息罪追究刑事责任。

使用非法获取的公民个人信息，实施电信网络诈骗犯罪行为，构成数罪的，应当依法予以并罚。

（三）冒充国家机关工作人员实施电信网络诈骗犯罪，同时构成诈骗罪和招摇撞骗罪的，依照处罚较重的规定定罪处罚。

（四）非法持有他人信用卡，没有证据证明从事电信网络诈骗犯罪活动，符合刑法第一百七十七条之一第一款第（二）项规定的，以妨害信用卡管理罪追究刑事责任。

（五）明知是电信网络诈骗犯罪所得及其产生的收益，以下列方式之一予以转账、套现、取现的，依照刑法第三百一十二条第一款的规定，以掩饰、隐瞒犯罪所得、犯罪所得收益罪追究刑事责任。但有证据证明确实不知道的除外：

1. 通过使用销售点终端机具（POS机）刷卡套现等非法途径，协助转换或者转移财物的；

2. 帮助他人将巨额现金散存于多个银行账户，或在不同银行账户之间频繁划转的；

3. 多次使用或者使用多个非本人身份证明开设的信用卡、资金支付结算账户或者多次采用遮蔽摄像头、伪装等异常手段，帮助他

人转账、套现、取现的;

4. 为他人提供非本人身份证明开设的信用卡、资金支付结算账户后,又帮助他人转账、套现、取现的;

5. 以明显异于市场的价格,通过手机充值、交易游戏点卡等方式套现的。

实施上述行为,事前通谋的,以共同犯罪论处。

实施上述行为,电信网络诈骗犯罪嫌疑人尚未到案或案件尚未依法裁判,但现有证据足以证明该犯罪行为确实存在的,不影响掩饰、隐瞒犯罪所得、犯罪所得收益罪的认定。

实施上述行为,同时构成其他犯罪的,依照处罚较重的规定定罪处罚。法律和司法解释另有规定的除外。

(六)网络服务提供者不履行法律、行政法规规定的信息网络安全管理义务,经监管部门责令采取改正措施而拒不改正,致使诈骗信息大量传播,或者用户信息泄露造成严重后果的,依照刑法第二百八十六条之一的规定,以拒不履行信息网络安全管理义务罪追究刑事责任。同时构成诈骗罪的,依照处罚较重的规定定罪处罚。

(七)实施刑法第二百八十七条之一、第二百八十七条之二规定之行为,构成非法利用信息网络罪、帮助信息网络犯罪活动罪,同时构成诈骗罪的,依照处罚较重的规定定罪处罚。

(八)金融机构、网络服务提供者、电信业务经营者等在经营活动中,违反国家有关规定,被电信网络诈骗犯罪分子利用,使他人遭受财产损失的,依法承担相应责任。构成犯罪的,依法追究刑事责任。

四、准确认定共同犯罪与主观故意

(一)三人以上为实施电信网络诈骗犯罪而组成的较为固定的犯罪组织,应依法认定为诈骗犯罪集团。对组织、领导犯罪集团的首要分子,按照集团所犯的全部罪行处罚。对犯罪集团中组织、指挥、策划者和骨干分子依法从严惩处。

对犯罪集团中起次要、辅助作用的从犯，特别是在规定期限内投案自首、积极协助抓获主犯、积极协助追赃的，依法从轻或减轻处罚。

对犯罪集团首要分子以外的主犯，应当按照其所参与的或者组织、指挥的全部犯罪处罚。全部犯罪包括能够查明具体诈骗数额的事实和能够查明发送诈骗信息条数、拨打诈骗电话人次数、诈骗信息网页浏览次数的事实。

（二）多人共同实施电信网络诈骗，犯罪嫌疑人、被告人应对其参与期间该诈骗团伙实施的全部诈骗行为承担责任。在其所参与的犯罪环节中起主要作用的，可以认定为主犯；起次要作用的，可以认定为从犯。

上述规定的"参与期间"，从犯罪嫌疑人、被告人着手实施诈骗行为开始起算。

（三）明知他人实施电信网络诈骗犯罪，具有下列情形之一的，以共同犯罪论处，但法律和司法解释另有规定的除外：

1. 提供信用卡、资金支付结算账户、手机卡、通讯工具的；

2. 非法获取、出售、提供公民个人信息的；

3. 制作、销售、提供"木马"程序和"钓鱼软件"等恶意程序的；

4. 提供"伪基站"设备或相关服务的；

5. 提供互联网接入、服务器托管、网络存储、通讯传输等技术支持，或者提供支付结算等帮助的；

6. 在提供改号软件、通话线路等技术服务时，发现主叫号码被修改为国内党政机关、司法机关、公共服务部门号码，或者境外用户改为境内号码，仍提供服务的；

7. 提供资金、场所、交通、生活保障等帮助的；

8. 帮助转移诈骗犯罪所得及其产生的收益，套现、取现的。

上述规定的"明知他人实施电信网络诈骗犯罪",应当结合被告人的认知能力、既往经历、行为次数和手段、与他人关系、获利情况、是否曾因电信网络诈骗受过处罚、是否故意规避调查等主客观因素进行综合分析认定。

(四)负责招募他人实施电信网络诈骗犯罪活动,或者制作、提供诈骗方案、术语清单、语音包、信息等的,以诈骗共同犯罪论处。

(五)部分犯罪嫌疑人在逃,但不影响对已到案共同犯罪嫌疑人、被告人的犯罪事实认定的,可以依法先行追究已到案共同犯罪嫌疑人、被告人的刑事责任。

五、依法确定案件管辖

(一)电信网络诈骗犯罪案件一般由犯罪地公安机关立案侦查,如果由犯罪嫌疑人居住地公安机关立案侦查更为适宜的,可以由犯罪嫌疑人居住地公安机关立案侦查。犯罪地包括犯罪行为发生地和犯罪结果发生地。

"犯罪行为发生地"包括用于电信网络诈骗犯罪的网站服务器所在地,网站建立者、管理者所在地,被侵害的计算机信息系统或其管理者所在地,犯罪嫌疑人、被害人使用的计算机信息系统所在地,诈骗电话、短信息、电子邮件等的拨打地、发送地、到达地、接受地,以及诈骗行为持续发生的实施地、预备地、开始地、途经地、结束地。

"犯罪结果发生地"包括被害人被骗时所在地,以及诈骗所得财物的实际取得地、藏匿地、转移地、使用地、销售地等。

(二)电信网络诈骗最初发现地公安机关侦办的案件,诈骗数额当时未达到"数额较大"标准,但后续累计达到"数额较大"标准,可由最初发现地公安机关立案侦查。

(三)具有下列情形之一的,有关公安机关可以在其职责范围内并案侦查:

1. 一人犯数罪的；
2. 共同犯罪的；
3. 共同犯罪的犯罪嫌疑人还实施其他犯罪的；
4. 多个犯罪嫌疑人实施的犯罪存在直接关联，并案处理有利于查明案件事实的。

（四）对因网络交易、技术支持、资金支付结算等关系形成多层级链条、跨区域的电信网络诈骗等犯罪案件，可由共同上级公安机关按照有利于查清犯罪事实、有利于诉讼的原则，指定有关公安机关立案侦查。

（五）多个公安机关都有权立案侦查的电信网络诈骗等犯罪案件，由最初受理的公安机关或者主要犯罪地公安机关立案侦查。有争议的，按照有利于查清犯罪事实、有利于诉讼的原则，协商解决。经协商无法达成一致的，由共同上级公安机关指定有关公安机关立案侦查。

（六）在境外实施的电信网络诈骗等犯罪案件，可由公安部按照有利于查清犯罪事实、有利于诉讼的原则，指定有关公安机关立案侦查。

（七）公安机关立案、并案侦查，或因有争议，由共同上级公安机关指定立案侦查的案件，需要提请批准逮捕、移送审查起诉、提起公诉的，由该公安机关所在地的人民检察院、人民法院受理。

对重大疑难复杂案件和境外案件，公安机关应在指定立案侦查前，向同级人民检察院、人民法院通报。

（八）已确定管辖的电信诈骗共同犯罪案件，在逃的犯罪嫌疑人归案后，一般由原管辖的公安机关、人民检察院、人民法院管辖。

六、证据的收集和审查判断

（一）办理电信网络诈骗案件，确因被害人人数众多等客观条件的限制，无法逐一收集被害人陈述的，可以结合已收集的被害人陈述，以及经查证属实的银行账户交易记录、第三方支付结算账户交易记录、通话记录、电子数据等证据，综合认定被害人人数及诈骗资金数额等犯罪事实。

（二）公安机关采取技术侦查措施收集的案件证明材料，作为证据使用的，应当随案移送批准采取技术侦查措施的法律文书和所收集的证据材料，并对其来源等作出书面说明。

（三）依照国际条约、刑事司法协助、互助协议或平等互助原则，请求证据材料所在地司法机关收集，或通过国际警务合作机制、国际刑警组织启动合作取证程序收集的境外证据材料，经查证属实，可以作为定案的依据。公安机关应对其来源、提取人、提取时间或者提供人、提供时间以及保管移交的过程等作出说明。

对其他来自境外的证据材料，应当对其来源、提供人、提供时间以及提取人、提取时间进行审查。能够证明案件事实且符合刑事诉讼法规定的，可以作为证据使用。

七、涉案财物的处理

（一）公安机关侦办电信网络诈骗案件，应当随案移送涉案赃款赃物，并附清单。人民检察院提起公诉时，应一并移交受理案件的人民法院，同时就涉案赃款赃物的处理提出意见。

（二）涉案银行账户或者涉案第三方支付账户内的款项，对权属明确的被害人的合法财产，应当及时返还。确因客观原因无法查实全部被害人，但有证据证明该账户系用于电信网络诈骗犯罪，且被告人无法说明款项合法来源的，根据刑法第六十四条的规定，应认定为违法所得，予以追缴。

（三）被告人已将诈骗财物用于清偿债务或者转让给他人，具有下列情形之一的，应当依法追缴：

1. 对方明知是诈骗财物而收取的；

2. 对方无偿取得诈骗财物的；
3. 对方以明显低于市场的价格取得诈骗财物的；
4. 对方取得诈骗财物系源于非法债务或者违法犯罪活动的。

他人善意取得诈骗财物的，不予追缴。

最高人民法院
最高人民检察院
公安部
2016 年 12 月 19 日

中华人民共和国电子签名法

中华人民共和国主席令
第十八号

《中华人民共和国电子签名法》已由中华人民共和国第十届全国人民代表大会常务委员会第十一次会议于2004年8月28日通过,现予公布,自2005年4月1日起施行。

中华人民共和国主席　胡锦涛
2004年8月28日

(2004年8月28日第十届全国人民代表大会常务委员会第十一次会议通过;根据2015年4月24日第十二届全国人民代表大会常务委员会第十四次会议《关于修改〈中华人民共和国电力法〉等六部法律的决定》修正)

第一章　总　则

第一条　为了规范电子签名行为,确立电子签名的法律效力,维护有关各方的合法权益，制定本法。

第二条　本法所称电子签名，是指数据电文中以电子形式所含、所附用于识别签名人身份并表明签名人认可其中内容的数据。

本法所称数据电文，是指以电子、光学、磁或者类似手段生成、发送、接收或者储存的信息。

第三条　民事活动中的合同或者其他文件、单证等文书，当事人可以约定使用或者不使用电子签名、数据电文。

当事人约定使用电子签名、数据电文的文书，不得仅因为其采用电子签名、数据电文的形式而否定其法律效力。

前款规定不适用下列文书：

（一）涉及婚姻、收养、继承等人身关系的；

（二）涉及土地、房屋等不动产权益转让的；

（三）涉及停止供水、供热、供气、供电等公用事业服务的；

（四）法律、行政法规规定的不适用电子文书的其他情形。

第二章　数据电文

第四条　能够有形地表现所载内容，并可以随时调取查用的数据电文，视为符合法律、法规要求的书面形式。

第五条　符合下列条件的数据电文，视为满足法律、法规规定的原件形式要求：

（一）能够有效地表现所载内容并可供随时调取查用；

（二）能够可靠地保证自最终形成时起，内容保持完整、未被更改。但是，在数据电文上增加背书以及数据交换、储存和显示过程中发生的形式变化不影响数据电文的完整性。

第六条　符合下列条件的数据电文，视为满足法律、法规规定的文件保存要求：

（一）能够有效地表现所载内容并可供随时调取查用；

(二) 数据电文的格式与其生成、发送或者接收时的格式相同,或者格式不相同但是能够准确表现原来生成、发送或者接收的内容;

(三) 能够识别数据电文的发件人、收件人以及发送、接收的时间。

第七条 数据电文不得仅因为其是以电子、光学、磁或者类似手段生成、发送、接收或者储存的而被拒绝作为证据使用。

第八条 审查数据电文作为证据的真实性,应当考虑以下因素:

(一) 生成、储存或者传递数据电文方法的可靠性;

(二) 保持内容完整性方法的可靠性;

(三) 用以鉴别发件人方法的可靠性;

(四) 其他相关因素。

第九条 数据电文有下列情形之一的,视为发件人发送:

(一) 经发件人授权发送的;

(二) 发件人的信息系统自动发送的;

(三) 收件人按照发件人认可的方法对数据电文进行验证后结果相符的。

当事人对前款规定的事项另有约定的,从其约定。

第十条 法律、行政法规规定或者当事人约定数据电文需要确认收讫的,应当确认收讫。发件人收到收件人的收讫确认时,数据电文视为已经收到。

第十一条 数据电文进入发件人控制之外的某个信息系统的时间,视为该数据电文的发送时间。

收件人指定特定系统接收数据电文的,数据电文进入该特定系统的时间,视为该数据电文的接收时间;未指定特定系统的,数据电文进入收件人的任何系统的首次时间,视为该数据电文的接收时间。

当事人对数据电文的发送时间、接收时间另有约定的,从其约定。

第十二条 发件人的主营业地为数据电文的发送地点,收件人的主营业地为数据电文的接收地点。没有主营业地的,其经常居住地为发送或者接收地点。

当事人对数据电文的发送地点、接收地点另有约定的,从其约定。

第三章 电子签名与认证

第十三条 电子签名同时符合下列条件的,视为可靠的电子签名:

(一)电子签名制作数据用于电子签名时,属于电子签名人专有;

(二)签署时电子签名制作数据仅由电子签名人控制;

(三)签署后对电子签名的任何改动能够被发现;

(四)签署后对数据电文内容和形式的任何改动能够被发现。

当事人也可以选择使用符合其约定的可靠条件的电子签名。

第十四条 可靠的电子签名与手写签名或者盖章具有同等的法律效力。

第十五条 电子签名人应当妥善保管电子签名制作数据。电子签名人知悉电子签名制作数据已经失密或者可能已经失密时,应当及时告知有关各方,并终止使用该电子签名制作数据。

第十六条 电子签名需要第三方认证的,由依法设立的电子认证服务提供者提供认证服务。

第十七条 提供电子认证服务,应当具备下列条件:

(一)取得企业法人资格。

(二)具有与提供电子认证服务相适应的专业技术人员和管理人员;

（三）具有与提供电子认证服务相适应的资金和经营场所；

（四）具有符合国家安全标准的技术和设备；

（五）具有国家密码管理机构同意使用密码的证明文件；

（六）法律、行政法规规定的其他条件。

第十八条 从事电子认证服务，应当向国务院信息产业主管部门提出申请，并提交符合本法第十七条规定条件的相关材料。国务院信息产业主管部门接到申请后经依法审查，征求国务院商务主管部门等有关部门的意见后，自接到申请之日起四十五日内作出许可或者不予许可的决定。予以许可的，颁发电子认证许可证书；不予许可的，应当书面通知申请人并告知理由。

取得认证资格的电子认证服务提供者，应当按照国务院信息产业主管部门的规定在互联网上公布其名称、许可证号等信息。

第十九条 电子认证服务提供者应当制定、公布符合国家有关规定的电子认证业务规则，并向国务院信息产业主管部门备案。

电子认证业务规则应当包括责任范围、作业操作规范、信息安全保障措施等事项。

第二十条 电子签名人向电子认证服务提供者申请电子签名认证证书，应当提供真实、完整和准确的信息。

电子认证服务提供者收到电子签名认证证书申请后，应当对申请人的身份进行查验，并对有关材料进行审查。

第二十一条 电子认证服务提供者签发的电子签名认证证书应当准确无误，并应当载明下列内容：

（一）电子认证服务提供者名称；

（二）证书持有人名称；

（三）证书序列号；

（四）证书有效期；

（五）证书持有人的电子签名验证数据；

（六）电子认证服务提供者的电子签名；

（七）国务院信息产业主管部门规定的其他内容。

第二十二条 电子认证服务提供者应当保证电子签名认证证书内容在有效期内完整、准确，并保证电子签名依赖方能够证实或者了解电子签名认证证书所载内容及其他有关事项。

第二十三条 电子认证服务提供者拟暂停或者终止电子认证服务的，应当在暂停或者终止服务九十日前，就业务承接及其他有关事项通知有关各方。

电子认证服务提供者拟暂停或者终止电子认证服务的，应当在暂停或者终止服务六十日前向国务院信息产业主管部门报告，并与其他电子认证服务提供者就业务承接进行协商，作出妥善安排。

电子认证服务提供者未能就业务承接事项与其他电子认证服务提供者达成协议的，应当申请国务院信息产业主管部门安排其他电子认证服务提供者承接其业务。

电子认证服务提供者被依法吊销电子认证许可证书的，其业务承接事项的处理按照国务院信息产业主管部门的规定执行。

第二十四条 电子认证服务提供者应当妥善保存与认证相关的信息，信息保存期限至少为电子签名认证证书失效后五年。

第二十五条 国务院信息产业主管部门依照本法制定电子认证服务业的具体管理办法，对电子认证服务提供者依法实施监督管理。

第二十六条 经国务院信息产业主管部门根据有关协议或者对等原则核准后，中华人民共和国境外的电子认证服务提供者在境外签发的电子签名认证证书与依照本法设立的电子认证服务提供者签发的电子签名认证证书具有同等的法律效力。

第四章　法律责任

第二十七条 电子签名人知悉电子签名制作数据已经失密或者

可能已经失密未及时告知有关各方、并终止使用电子签名制作数据，未向电子认证服务提供者提供真实、完整和准确的信息，或者有其他过错，给电子签名依赖方、电子认证服务提供者造成损失的，承担赔偿责任。

第二十八条 电子签名人或者电子签名依赖方因依据电子认证服务提供者提供的电子签名认证服务从事民事活动遭受损失，电子认证服务提供者不能证明自己无过错的，承担赔偿责任。

第二十九条 未经许可提供电子认证服务的，由国务院信息产业主管部门责令停止违法行为；有违法所得的，没收违法所得；违法所得三十万元以上的，处违法所得一倍以上三倍以下的罚款；没有违法所得或者违法所得不足三十万元的，处十万元以上三十万元以下的罚款。

第三十条 电子认证服务提供者暂停或者终止电子认证服务，未在暂停或者终止服务六十日前向国务院信息产业主管部门报告的，由国务院信息产业主管部门对其直接负责的主管人员处一万元以上五万元以下的罚款。

第三十一条 电子认证服务提供者不遵守认证业务规则、未妥善保存与认证相关的信息，或者有其他违法行为的，由国务院信息产业主管部门责令限期改正；逾期未改正的，吊销电子认证许可证书，其直接负责的主管人员和其他直接责任人员十年内不得从事电子认证服务。吊销电子认证许可证书的，应当予以公告并通知工商行政管理部门。

第三十二条 伪造、冒用、盗用他人的电子签名，构成犯罪的，依法追究刑事责任；给他人造成损失的，依法承担民事责任。

第三十三条 依照本法负责电子认证服务业监督管理工作的部门的工作人员，不依法履行行政许可、监督管理职责的，依法给予行政处分；构成犯罪的，依法追究刑事责任。

第五章 附 则

第三十四条 本法中下列用语的含义：

（一）电子签名人，是指持有电子签名制作数据并以本人身份或者以其所代表的人的名义实施电子签名的人；

（二）电子签名依赖方，是指基于对电子签名认证证书或者电子签名的信赖从事有关活动的人；

（三）电子签名认证证书，是指可证实电子签名人与电子签名制作数据有联系的数据电文或者其他电子记录；

（四）电子签名制作数据，是指在电子签名过程中使用的，将电子签名与电子签名人可靠地联系起来的字符、编码等数据；

（五）电子签名验证数据，是指用于验证电子签名的数据，包括代码、口令、算法或者公钥等。

第三十五条 国务院或者国务院规定的部门可以依据本法制定政务活动和其他社会活动中使用电子签名、数据电文的具体办法。

第三十六条 本法自 2005 年 4 月 1 日起施行。

附 录

电子认证服务管理办法

中华人民共和国工业和信息化部令

第 29 号

现公布《工业和信息化部关于修改部分规章的决定》,自公布之日起施行。

工业和信息化部部长
2015 年 4 月 29 日

(2009 年 2 月 18 日中华人民共和国工业和信息化部令第 1 号公布;根据 2015 年 4 月 29 日中华人民共和国工业和信息化部令第 29 号公布的《工业和信息化部关于修改部分规章的决定》修订)

第一章 总 则

第一条 为了规范电子认证服务行为,对电子认证服务提供者实施监督管理,根据《中华人民共和国电子签名法》和其他法律、行政法规的规定,制定本办法。

第二条 本办法所称电子认证服务,是指为电子签名相关各方提供真实性、可靠性验证的活动。

本办法所称电子认证服务提供者，是指为需要第三方认证的电子签名提供认证服务的机构（以下称为"电子认证服务机构"）。

向社会公众提供服务的电子认证服务机构应当依法设立。

第三条 在中华人民共和国境内设立电子认证服务机构和为电子签名提供电子认证服务，适用本办法。

第四条 中华人民共和国工业和信息化部（以下简称"工业和信息化部"）依法对电子认证服务机构和电子认证服务实施监督管理。

第二章 电子认证服务机构

第五条 电子认证服务机构应当具备下列条件：

（一）具有独立的企业法人资格。

（二）具有与提供电子认证服务相适应的人员。从事电子认证服务的专业技术人员、运营管理人员、安全管理人员和客户服务人员不少于三十名，并且应当符合相应岗位技能要求。

（三）注册资本不低于人民币三千万元。

（四）具有固定的经营场所和满足电子认证服务要求的物理环境。

（五）具有符合国家有关安全标准的技术和设备。

（六）具有国家密码管理机构同意使用密码的证明文件。

（七）法律、行政法规规定的其他条件。

第六条 申请电子认证服务许可的，应当向工业和信息化部提交下列材料：

（一）书面申请。

（二）人员证明。

（三）企业法人营业执照副本及复印件。

（四）经营场所证明。

（五）国家有关认证检测机构出具的技术、设备、物理环境符合国家有关安全标准的凭证。

（六）国家密码管理机构同意使用密码的证明文件。

第七条 工业和信息化部对提交的申请材料进行形式审查。申请材料齐全、符合法定形式的，应当向申请人出具受理通知书。申请材料不齐全或者不符合法定形式的，应当当场或者在五日内一次告知申请人需要补正的全部内容。

第八条 工业和信息化部对决定受理的申请材料进行实质审查。需要对有关内容进行核实的，指派两名以上工作人员实地进行核查。

第九条 工业和信息化部对与申请人有关事项书面征求中华人民共和国商务部等有关部门的意见。

第十条 工业和信息化部应当自接到申请之日起四十五日内作出准予许可或者不予许可的书面决定。不予许可的，应当书面通知申请人并说明理由；准予许可的，颁发《电子认证服务许可证》，并公布下列信息：

（一）《电子认证服务许可证》编号。

（二）电子认证服务机构名称。

（三）发证机关和发证日期。

电子认证服务许可相关信息发生变更的，工业和信息化部应当及时公布。

《电子认证服务许可证》的有效期为五年。

第十一条 电子认证服务机构不得倒卖、出租、出借或者以其他形式非法转让《电子认证服务许可证》。

第十二条 取得认证资格的电子认证服务机构，在提供电子认证服务之前，应当通过互联网公布下列信息：

（一）机构名称和法定代表人。

（二）机构住所和联系办法。

（三）《电子认证服务许可证》编号。

（四）发证机关和发证日期。

（五）《电子认证服务许可证》有效期的起止时间。

第十三条 电子认证服务机构在《电子认证服务许可证》的有效期内变更公司名称、住所、法定代表人、注册资本的，应当在完成工商变更登记之日起15日内办理《电子认证服务许可证》变更手续。

第十四条 《电子认证服务许可证》的有效期届满需要延续的，电子认证服务机构应当在许可证有效期届满三十日前向工业和信息化部申请办理延续手续，并自办结之日起五日内按照本办法第十二条的规定公布相关信息。

第三章 电子认证服务

第十五条 电子认证服务机构应当按照工业和信息化部公布的《电子认证业务规则规范》等要求，制定本机构的电子认证业务规则和相应的证书策略，在提供电子认证服务前予以公布，并向工业和信息化部备案。

电子认证业务规则和证书策略发生变更的，电子认证服务机构应当予以公布，并自公布之日起三十日内向工业和信息化部备案。

第十六条 电子认证服务机构应当按照公布的电子认证业务规则提供电子认证服务。

第十七条 电子认证服务机构应当保证提供下列服务：

（一）制作、签发、管理电子签名认证证书。

（二）确认签发的电子签名认证证书的真实性。

（三）提供电子签名认证证书目录信息查询服务。

（四）提供电子签名认证证书状态信息查询服务。

第十八条 电子认证服务机构应当履行下列义务：

（一）保证电子签名认证证书内容在有效期内完整、准确。

（二）保证电子签名依赖方能够证实或者了解电子签名认证证书所载内容及其他有关事项。

（三）妥善保存与电子认证服务相关的信息。

第十九条 电子认证服务机构应当建立完善的安全管理和内部审计制度。

第二十条 电子认证服务机构应当遵守国家的保密规定，建立完善的保密制度。

电子认证服务机构对电子签名人和电子签名依赖方的资料，负有保密的义务。

第二十一条 电子认证服务机构在受理电子签名认证证书申请前，应当向申请人告知下列事项：

（一）电子签名认证证书和电子签名的使用条件。

（二）服务收费的项目和标准。

（三）保存和使用证书持有人信息的权限和责任。

（四）电子认证服务机构的责任范围。

（五）证书持有人的责任范围。

（六）其他需要事先告知的事项。

第二十二条 电子认证服务机构受理电子签名认证申请后，应当与证书申请人签订合同，明确双方的权利义务。

第四章　电子认证服务的暂停、终止

第二十三条 电子认证服务机构在《电子认证服务许可证》的有效期内拟终止电子认证服务的，应当在终止服务六十日前向工业和信息化部报告，并办理《电子认证服务许可证》注销手续。

第二十四条 电子认证服务机构拟暂停或者终止电子认证服务的，应当在暂停或者终止电子认证服务九十日前，就业务承接及其他有关事项通知有关各方。

电子认证服务机构拟暂停或者终止电子认证服务的，应当在暂停或者终止电子认证服务六十日前向工业和信息化部报告，并与其他电子认证服务机构就业务承接进行协商，作出妥善安排。

第二十五条　电子认证服务机构拟暂停或者终止电子认证服务，未能就业务承接事项与其他电子认证服务机构达成协议的，应当申请工业和信息化部安排其他电子认证服务机构承接其业务。

第二十六条　电子认证服务机构被依法吊销电子认证服务许可的，其业务承接事项按照工业和信息化部的规定处理。

第二十七条　电子认证服务机构有根据工业和信息化部的安排承接其他机构开展的电子认证服务业务的义务。

第五章　电子签名认证证书

第二十八条　电子签名认证证书应当准确载明下列内容：

（一）签发电子签名认证证书的电子认证服务机构名称。

（二）证书持有人名称。

（三）证书序列号。

（四）证书有效期。

（五）证书持有人的电子签名验证数据。

（六）电子认证服务机构的电子签名。

（七）工业和信息化部规定的其他内容。

第二十九条　有下列情况之一的，电子认证服务机构可以撤销其签发的电子签名认证证书：

（一）证书持有人申请撤销证书。

（二）证书持有人提供的信息不真实。

（三）证书持有人没有履行双方合同规定的义务。

（四）证书的安全性不能得到保证。

（五）法律、行政法规规定的其他情况。

第三十条　有下列情况之一的，电子认证服务机构应当对申请

人提供的证明身份的有关材料进行查验,并对有关材料进行审查:

(一)申请人申请电子签名认证证书。

(二)证书持有人申请更新证书。

(三)证书持有人申请撤销证书。

第三十一条 电子认证服务机构更新或者撤销电子签名认证证书时,应当予以公告。

第六章 监督管理

第三十二条 工业和信息化部对电子认证服务机构进行定期、不定期的监督检查,监督检查的内容主要包括法律法规符合性、安全运营管理、风险管理等。

工业和信息化部对电子认证服务机构实行监督检查时,应当记录监督检查的情况和处理结果,由监督检查人员签字后归档。公众有权查阅监督检查记录。

工业和信息化部对电子认证服务机构实行监督检查,不得妨碍电子认证服务机构正常的生产经营活动,不得收取任何费用。

第三十三条 取得电子认证服务许可的电子认证服务机构,在电子认证服务许可的有效期内不得降低其设立时所应具备的条件。

第三十四条 电子认证服务机构应当如实向工业和信息化部报送认证业务开展情况报告、财务会计报告等有关资料。

第三十五条 电子认证服务机构有下列情况之一的,应当及时向工业和信息化部报告:

(一)重大系统、关键设备事故。

(二)重大财产损失。

(三)重大法律诉讼。

(四)关键岗位人员变动。

第三十六条 电子认证服务机构应当对其从业人员进行岗位培训。

第三十七条 工业和信息化部根据监督管理工作的需要，可以委托有关省、自治区和直辖市信息产业主管部门承担具体的监督管理事项。

第七章 罚 则

第三十八条 电子认证服务机构向工业和信息化部隐瞒有关情况、提供虚假材料或者拒绝提供反映其活动的真实材料的，由工业和信息化部责令改正，给予警告或者处以5000元以上1万元以下的罚款。

第三十九条 工业和信息化部与省、自治区、直辖市信息产业主管部门的工作人员，不依法履行监督管理职责的，由工业和信息化部或者省、自治区、直辖市信息产业主管部门依据职权视情节轻重，分别给予警告、记过、记大过、降级、撤职、开除的行政处分；构成犯罪的，依法追究刑事责任。

第四十条 电子认证服务机构违反本办法第十三条、第十五条、第二十七条的规定的，由工业和信息化部依据职权责令限期改正，处以警告，可以并处1万元以下的罚款。

第四十一条 电子认证服务机构违反本办法第三十三条的规定的，由工业和信息化部依据职权责令限期改正，处以3万元以下的罚款，并将上述情况向社会公告。

第八章 附 则

第四十二条 经工业和信息化部根据有关协议或者对等原则核准后，中华人民共和国境外的电子认证服务机构在境外签发的电子签名认证证书与依照本办法设立的电子认证服务机构签发的电子签名认证证书具有同等的法律效力。

第四十三条 本办法自2009年3月31日起施行。2005年2月8日发布的《电子认证服务管理办法》（中华人民共和国信息产业部令第35号）同时废止。

电子认证服务密码管理办法

国家密码管理局公告
第 17 号

2009 年 10 月 28 日国家密码管理局公告第 17 号公布，根据 2017 年 12 月 1 日《国家密码管理局关于废止和修改部分管理规定的决定》修正。

国家密码管理局
2017 年 12 月 1 日

第一条 为了规范电子认证服务提供者使用密码的行为，根据《中华人民共和国电子签名法》、《商用密码管理条例》和相关法律、行政法规的规定，制定本办法。

第二条 国家密码管理局对电子认证服务提供者使用密码的行为实施监督管理。

省、自治区、直辖市密码管理机构依据本办法承担有关监督管理工作。

第三条 提供电子认证服务，应当依据本办法申请《电子认证服务使用密码许可证》。

第四条 采用密码技术为社会公众提供第三方电子认证服务的系统（以下称电子认证服务系统）使用商用密码。

电子认证服务系统应当由具有商用密码产品生产和密码服务能力的单位承建。

第五条 电子认证服务系统的建设和运行应当符合《证书认证系统密码及其相关安全技术规范》。

第六条 电子认证服务系统所需密钥服务由国家密码管理局和省、自治区、直辖市密码管理机构规划的密钥管理系统提供。

第七条 申请《电子认证服务使用密码许可证》应当在电子认证服务系统建设完成后，向所在地的省、自治区、直辖市密码管理机构或者国家密码管理局提交下列材料：

（一）《电子认证服务使用密码许可证申请表》；

（二）企业法人营业执照复印件；

（三）电子认证服务系统安全性审查相关技术材料，包括建设工作总结报告、技术工作总结报告、安全性设计报告、安全管理策略和规范报告、用户手册和测试说明；

（四）电子认证服务系统互联互通测试相关技术材料；

（五）电子认证服务系统使用的信息安全产品符合有关法律规定的证明文件。

第八条 申请人提交的申请材料齐全并且符合规定形式的，省、自治区、直辖市密码管理机构或者国家密码管理局应当受理并发给《受理通知书》；申请材料不齐全或者不符合规定形式的，省、自治区、直辖市密码管理机构或者国家密码管理局应当当场或者在5个工作日内一次告知需要补正的全部内容。不予受理的，应当书面通知并说明理由。

申请材料由省、自治区、直辖市密码管理机构受理的，省、自治区、直辖市密码管理机构应当自受理申请之日起5个工作日内将全部申请材料报送国家密码管理局。

第九条 国家密码管理局应当自省、自治区、直辖市密码管理机构或者国家密码管理局受理申请之日起20个工作日内对申请人提交的申请材料进行审查，组织对电子认证服务系统进行安全性审查和互联互通测试，并将安全性审查和互联互通测试所需时间书面通知申请人。

电子认证服务系统通过安全性审查和互联互通测试的，由国家密码管理局发给《电子认证服务使用密码许可证》并予以公布；未通过安全性审查或者互联互通测试的，不予许可，书面通知申请人并说明理由。

安全性审查和互联互通测试所需时间不计算在本办法所设定的期限内。

第十条 《电子认证服务使用密码许可证》载明下列内容：

（一）许可证编号；

（二）电子认证服务提供者名称；

（三）许可证有效期限；

（四）发证机关和发证日期。

《电子认证服务使用密码许可证》有效期为5年。

第十一条 电子认证服务提供者变更名称的，应当自变更之日起30日内，持变更证明文件到所在地的省、自治区、直辖市密码管理机构办理《电子认证服务使用密码许可证》更换手续。

电子认证服务提供者变更住所、法定代表人的，应当自变更之日起30日内，持变更证明文件到所在地的省、自治区、直辖市密码管理机构备案。

第十二条 《电子认证服务使用密码许可证》有效期满需要延续的，应当在许可证有效期届满30日前向国家密码管理局提出申请。国家密码管理局根据申请，在许可证有效期满前作出是否准予延续的决定。

第十三条 电子认证服务提供者终止电子认证服务或者《电子认证服务许可证》被吊销的，原持有的《电子认证服务使用密码许可证》自行失效。

第十四条 电子认证服务提供者对其电子认证服务系统进行技术改造或者进行系统搬迁的，应当将有关情况书面报国家密码管理局，经国家密码管理局同意后方可继续运行。必要时，国家密码管理局可以组织对电子认证服务系统进行安全性审查和互联互通测试。

第十五条 国家密码管理局和省、自治区、直辖市密码管理机构对电子认证服务提供者使用密码的情况进行监督检查。监督检查采取书面审查和现场核查相结合的方式。

监督检查发现存在不符合许可条件的情形的，限期整改；限期整改后仍不符合许可条件的，由国家密码管理局撤销其《电子认证服务使用密码许可证》，通报国务院信息产业主管部门并予以公布。

第十六条 有下列情形之一的，由国家密码管理局责令改正；情节严重的，吊销《电子认证服务使用密码许可证》，通报国务院信息产业主管部门并予以公布：

（一）电子认证服务系统的运行不符合《证书认证系统密码及其相关安全技术规范》的；

（二）电子认证服务系统使用本办法第六条规定以外的密钥管理系统提供的密钥开展业务的；

（三）对电子认证服务系统进行技术改造或者进行系统搬迁，未按照本办法第十四条规定办理的。

第十七条 国家密码管理局和省、自治区、直辖市密码管理机构的工作人员在电子认证服务密码管理工作中滥用职权、玩忽职守、徇私舞弊的，依法给予行政处分；构成犯罪的，依法追究刑事责任。

第十八条 《电子认证服务使用密码许可证申请表》由国家密码管理局统一印制。

第十九条 本办法施行前已经取得《电子认证服务使用密码许可证》的电子认证服务提供者，应当自本办法施行之日起3个月内到所在地的省、自治区、直辖市密码管理机构办理《电子认证服务使用密码许可证》的换证手续。

第二十条 本办法自2009年12月1日起施行。2005年3月31日国家密码管理局发布的《电子认证服务密码管理办法》同时废止。

关于专利电子申请的规定

国家知识产权局令
第五十七号

《关于专利电子申请的规定》已经局务会议审议通过，现予公布，自 2010 年 10 月 1 日起施行。

国家知识产权局局长
二〇一〇年八月二十六日

第一条　为了规范与通过互联网传输并以电子文件形式提出的专利申请（以下简称专利电子申请）有关的程序和要求，方便申请人提交专利申请，提高专利审批效率，推进电子政务建设，依照《中华人民共和国专利法实施细则》（以下简称专利法实施细则）第二条和第十五条第二款，制定本规定。

第二条　提出专利电子申请的，应当事先与国家知识产权局签订《专利电子申请系统用户注册协议》（以下简称用户协议）。

开办专利电子申请代理业务的专利代理机构，应当以该专利代理机构名义与国家知识产权局签订用户协议。

申请人委托已与国家知识产权局签订用户协议的专利代理机构办理专利电子申请业务的，无须另行与国家知识产权局签订用户协议。

第三条　申请人有两人以上且未委托专利代理机构的，以提交电子申请的申请人为代表人。

第四条　发明、实用新型和外观设计专利申请均可以采用电子文件形式提出。

依照专利法实施细则第一百零一条第二款的规定进入中国国家阶段的专利申请，可以采用电子文件形式提交。

依照专利法实施细则第一百零一条第一款的规定向国家知识产权局提出专利国际申请的，不适用本规定。

第五条 申请专利的发明创造涉及国家安全或者重大利益需要保密的，应当以纸件形式提出专利申请。

申请人以电子文件形式提出专利申请后，国家知识产权局认为该专利申请需要保密的，应当将该专利申请转为纸件形式继续审查并通知申请人。申请人在后续程序中应当以纸件形式递交各种文件。

依照专利法实施细则第八条第二款第（一）项直接向外国申请专利或者向有关国外机构提交专利国际申请的，申请人向国家知识产权局提出的保密审查请求和技术方案应当以纸件形式提出。

第六条 提交专利电子申请和相关文件的，应当遵守规定的文件格式、数据标准、操作规范和传输方式。专利电子申请和相关文件未能被国家知识产权局专利电子申请系统正常接收的，视为未提交。

第七条 申请人办理专利电子申请各种手续的，应当以电子文件形式提交相关文件。除另有规定外，国家知识产权局不接受申请人以纸件形式提交的相关文件。不符合本款规定的，相关文件视为未提交。

以纸件形式提出专利申请并被受理后，除涉及国家安全或者重大利益需要保密的专利申请外，申请人可以请求将纸件申请转为专利电子申请。

特殊情形下需要将专利电子申请转为纸件申请的，申请人应当提出请求，经国家知识产权局审批并办理相关手续后可以转为纸件申请。

第八条 申请人办理专利电子申请的各种手续的，对专利法及其实施细则或者专利审查指南中规定的应当以原件形式提交的相关文件，申请人可以提交原件的电子扫描文件。国家知识产权局认为必要时，可以要求申请人在指定期限内提交原件。

申请人在提出专利电子申请时请求减缴或者缓缴专利法实施细则规定的各种费用需要提交有关证明文件的，应当在提出专利申请时提交证明文件原件的电子扫描文件。未提交电子扫描文件的，视为未提交有关证明文件。

第九条　采用电子文件形式向国家知识产权局提交的各种文件，以国家知识产权局专利电子申请系统收到电子文件之日为递交日。

对于专利电子申请，国家知识产权局以电子文件形式向申请人发出的各种通知书、决定或者其他文件，自文件发出之日起满15日，推定为申请人收到文件之日。

第十条　专利法及其实施细则和专利审查指南中关于专利申请和相关文件的所有规定，除专门针对以纸件形式提交的专利申请和相关文件的规定之外，均适用于专利电子申请。

第十一条　本规定由国家知识产权局负责解释。

第十二条　本规定自2010年10月1日起施行。2004年2月12日国家知识产权局令第三十五号发布的《关于电子专利申请的规定》同时废止。

旧电器电子产品流通管理办法

旧电器电子产品流通管理办法

中华人民共和国商务部令
2013 年第 1 号

《旧电器电子产品流通管理办法》已经 2013 年 2 月 17 日商务部第 74 次部务会议审议通过，现予发布，自 2013 年 5 月 1 日起施行。

商务部部长
2013 年 3 月 15 日

第一条 为加强对旧电器电子产品流通的管理，促进资源综合利用，保护环境，根据《中华人民共和国循环经济促进法》、《废弃电器电子产品回收处理管理条例》等法律法规，制定本办法。

第二条 本办法所称旧电器电子产品，是指已进入消费领域，仍保持全部或者部分原有使用价值的电器电子产品。包括制冷空调器具、清洁器具、厨房器具、通风器具、取暖熨烫器具、个人护理器具、保健器具、娱乐器具等电器产品和音像娱乐类、信息技术类等电子产品。

本办法所称旧电器电子产品经营者（以下简称经营者）是指从事旧电器电子产品收购或销售活动的法人、其他经济组织和个体工商户。

第三条 本办法所称旧电器电子产品流通，是指经营者收购和销售旧电器电子产品的活动。

第四条 经营者应当依照法律、法规和有关标准从事经营活动，遵循诚实、守信、公平、公开的原则。

第五条 商务部负责旧电器电子产品流通的行业管理工作，负责制定行业发展规划、政策。

县级以上地方商务主管部门负责本行政区域内旧电器电子产品流通的行业管理工作。

第六条 相关行业协会依照章程规定，积极为经营者服务，组织专业技能培训，完善旧电器电子产品档案信息系统，建立企业、从业人员诚信经营档案，发挥行业自律作用。

第七条 经营者收购旧电器电子产品时应当对收购产品进行登记。登记信息应包括旧电器电子产品的品名、商标、型号、出售人原始购买凭证或者出售人身份信息等。

第八条 经营者应当建立旧电器电子产品档案资料。档案资料应当包括产品的收购登记信息，质量性能状况、主要部件的维修、翻新情况和后配件的商标、生产者信息等情况。

第九条 经营者不得将在流通过程中获得的机关、企（事）业单位及个人信息用于与旧电器电子产品流通活动无关的领域。旧电器电子产品涉及商业秘密、个人隐私的，出售人应当在出售前妥善处置相关信息，经营者收购上述产品前应作出提示。

退出使用的涉密旧电器电子产品的流通活动应当符合《保守国家秘密法》和国家有关保密规定。

第十条 禁止经营者收购下列旧电器电子产品：

（一）依法查封、扣押的；

（二）明知是通过盗窃、抢劫、诈骗、走私或其他违法犯罪手段获得的；

（三）不能说明合法来源的；

（四）其他法律、行政法规禁止收购的。

第十一条 待售的旧电器电子产品应在显著位置标识为旧货。

第十二条 经营者销售旧电器电子产品时，应当向购买者明示产品质量性能状况、主要部件维修、翻新等有关情况。严禁经营者以翻新产品冒充新产品出售。

第十三条 经营者应当向购买者出具销售凭证或发票，并应当提供不少于3个月的免费包修服务，交易双方另有约定的除外。旧电器电子产品仍在三包有效期内的，经营者应依法履行三包责任。

经营者应当设立销售台账，对销售情况进行如实、准确记录。

第十四条 禁止经营者销售下列旧电器电子产品：

（一）丧失全部使用功能或达到国家强制报废条件的；

（二）不符合保障人体健康和人身、财产安全等强制性标准要求的；

（三）其他法律、行政法规禁止销售的。

第十五条 旧电器电子产品市场应当建立旧电器电子经营者档案，如实记录市场内经营者身份信息和信用信息。

第十六条 国家鼓励旧电器电子产品市场建立信息管理系统，及时统计经营者收购和销售旧电器电子产品相关信息，包括销售产品品名、商标、型号、数量、单价、经销商等内容。

第十七条 县级以上地方商务主管部门应当通过制定行业发展规划、促进政策和综合协调等方式，规范旧电器电子产品流通秩序，促进行业发展。

第十八条 县级以上地方商务主管部门应当根据本地实际，建立定期检查及不定期抽查制度，及时发现和处理有关问题。经营者和旧电器电子产品市场应配合商务主管部门的监督检查，如实提供信息和材料。

县级以上地方商务主管部门应当组织本行政区域内的行业统计工作，经营者应按照商务主管部门要求及时报送相关信息和数据。

第十九条　经营者违反本办法第七条、第八条、第十五条规定的，由县级以上地方商务主管部门责令改正；逾期不改正的，可处二千元以上一万元以下罚款。

第二十条　经营者违反本办法第九条、第十一条、第十二条、第十三条、第十八条规定的，由法律、行政法规规定的有关部门依法处理；法律法规未作规定的，由县级以上地方商务主管部门责令改正；逾期不改正的，可处二千元以上一万元以下罚款；构成犯罪的，依法追究刑事责任。

第二十一条　经营者违反本办法第十条、第十四条规定的，由法律、行政法规规定的有关部门依法处理；法律法规未作规定的，由县级以上地方商务主管部门责令改正；逾期不改正的，可处一万元以上三万元以下罚款；构成犯罪的，依法追究刑事责任。

第二十二条　通过互联网开展旧电器电子产品收购和销售活动的，参照本办法执行。

第二十三条　本办法自2013年5月1日起施行。

电器电子产品有害物质限制
使用管理办法

中华人民共和国工业和信息化部
中华人民共和国国家发展和改革委员会
中华人民共和国科学技术部
中华人民共和国财政部
中华人民共和国环境保护部
中华人民共和国商务部
中华人民共和国海关总署
国家质量监督检验检疫总局令
第 32 号

《电器电子产品有害物质限制使用管理办法》已经工业和信息化部部务会议审议通过,并经发展改革委、科技部、财政部、环境保护部、商务部、海关总署、质检总局同意,现予公布,自 2016 年 7 月 1 日起施行。2006 年 2 月 28 日公布的《电子信息产品污染控制管理办法》(原信息产业部、发展改革委、商务部、海关总署、工商总局、质检总局、原环保总局令第 39 号)同时废止。

工业和信息化部部长

发展改革委主任
科技部部长
财政部部长
环境保护部部长
商务部部长
海关总署署长
质检总局局长
2016年1月6日

第一章 总 则

第一条 为了控制和减少电器电子产品废弃后对环境造成的污染，促进电器电子行业清洁生产和资源综合利用，鼓励绿色消费，保护环境和人体健康，根据《中华人民共和国清洁生产促进法》、《中华人民共和国固体废物污染环境防治法》、《废弃电器电子产品回收处理管理条例》等法律、行政法规，制定本办法。

第二条 在中华人民共和国境内生产、销售和进口电器电子产品，适用本办法。

第三条 本办法下列术语的含义是：

（一）电器电子产品，是指依靠电流或电磁场工作或者以产生、传输和测量电流和电磁场为目的，额定工作电压为直流电不超过1500伏特、交流电不超过1000伏特的设备及配套产品。其中涉及电能生产、传输和分配的设备除外。

（二）电器电子产品污染，是指电器电子产品中含有的有害物质超过国家标准或行业标准，对环境、资源、人类身体健康以及生命、财产安全造成破坏、损害、浪费或其他不良影响。

（三）电器电子产品有害物质限制使用，是指为减少或消除电器电子产品污染而采取的下列措施：

1. 设计、生产过程中，通过改变设计方案、调整工艺流程、更换使用材料、革新制造方式等限制使用电器电子产品中的有害物质的技术措施；

2. 设计、生产、销售以及进口过程中，标注有害物质名称及其含量，标注电器电子产品环保使用期限等措施；

3. 销售过程中，严格进货渠道，拒绝销售不符合电器电子产品有害物质限制使用国家标准或行业标准的电器电子产品；

4. 禁止进口不符合电器电子产品有害物质限制使用国家标准或行业标准的电器电子产品；

5. 国家规定的其他电器电子产品有害物质限制使用的措施。

（四）电器电子产品有害物质限制使用达标管理目录（以下简称达标管理目录），是为实施电器电子产品有害物质限制使用管理而制定的目录，包括电器电子产品类目、限制使用的有害物质种类、限制使用时间及例外要求等内容。

（五）有害物质，是指电器电子产品中含有的下列物质：

1. 铅及其化合物；

2. 汞及其化合物；

3. 镉及其化合物；

4. 六价铬化合物；

5. 多溴联苯（PBB）；

6. 多溴二苯醚（PBDE）；

7. 国家规定的其他有害物质。

（六）电器电子产品环保使用期限，是指用户按照产品说明止常使用时，电器电子产品中含有的有害物质不会发生外泄或突变，不会对环境造成严重污染或对其人身、财产造成严重损害的期限。

第四条 工业和信息化部、发展改革委、科技部、财政部、环境保护部、商务部、海关总署、质检总局在各自的职责范围内对电器电子产品有害物质限制使用进行管理和监督。

第五条 工业和信息化部会同国务院有关主管部门制定有利于电器电子产品有害物质限制使用的措施,落实电器电子产品有害物质限制使用的有关规定。

第六条 省、自治区、直辖市工业和信息化、发展改革、科技、财政、环境保护、商务、海关、质检等主管部门在各自的职责范围内,对电器电子产品有害物质限制使用实施监督管理。

省、自治区、直辖市工业和信息化主管部门负责牵头建立省级电器电子产品有害物质限制使用工作协调机制,负责协调解决本行政区域内电器电子产品有害物质限制使用工作中的重大事项及问题。

第七条 国家鼓励、支持电器电子产品有害物质限制使用的科学研究、技术开发和国际合作,积极推广电器电子产品有害物质替代与减量化等技术、装备。

第八条 工业和信息化部、国务院有关主管部门对积极开发、研制严于本办法规定的电器电子产品的组织和个人,可以给予表扬或奖励。

省、自治区、直辖市工业和信息化主管部门和其他相关主管部门对在电器电子产品有害物质限制使用工作以及相关活动中做出显著成绩的组织和个人,可以给予表扬或奖励。

第二章 电器电子产品有害物质限制使用

第九条 电器电子产品设计者在设计电器电子产品时,不得违反强制性标准或法律、行政法规和规章规定必须执行的标准,在满足工艺要求的前提下应当按照电器电子产品有害物质限制使用国家标准或行业标准,采用无害或低害、易于降解、便于回收利用等方案。

第十条　电器电子产品生产者在生产电器电子产品时,不得违反强制性标准或法律、行政法规和规章规定必须执行的标准,应当按照电器电子产品有害物质限制使用国家标准或行业标准,采用资源利用率高、易回收处理、有利于环境保护的材料、技术和工艺,限制或者淘汰有害物质在产品中的使用。

电器电子产品生产者不得将不符合本办法要求的电器电子产品出厂、销售。

第十一条　进口的电器电子产品不得违反强制性标准或法律、行政法规和规章规定必须执行的标准,应当符合电器电子产品有害物质限制使用国家标准或行业标准。

出入境检验检疫机构依法对进口的电器电子产品实施口岸验证和法定检验。海关验核出入境检验检疫机构签发的《入境货物通关单》并按规定办理通关手续。

第十二条　电器电子产品生产者、进口者制作、使用电器电子产品包装物时,不得违反强制性标准或法律、行政法规和规章规定必须执行的标准,应当采用无害、易于降解和便于回收利用的材料,遵守包装物使用的国家标准或行业标准。

第十三条　电器电子产品生产者、进口者应当按照电器电子产品有害物质限制使用标识的国家标准或行业标准,对其投放市场的电器电子产品中含有的有害物质进行标注,标明有害物质的名称、含量、所在部件及其产品可否回收利用,以及不当利用或者处置可能会对环境和人类健康造成影响的信息等;由于产品体积、形状、表面材质或功能的限制不能在产品上标注的,应当在产品说明中注明。

第十四条　电器电子产品生产者、进口者应当按照电器电子产品有害物质限制使用标识的国家标准或行业标准,在其生产或进口的电器电子产品上标注环保使用期限;由于产品体积、形状、表面材质或功能的限制不能在产品上标注的,应当在产品说明中注明。

第十五条 电器电子产品的环保使用期限由电器电子产品的生产者或进口者自行确定。相关行业组织可根据技术发展水平,制定包含产品类目、确定方法、具体期限等内容的相关电器电子产品环保使用期限的指导意见。

工业和信息化部鼓励相关行业组织将制定的电器电子产品环保使用期限的指导意见报送工业和信息化部。

第十六条 电器电子产品销售者不得销售违反电器电子产品有害物质限制使用国家标准或行业标准的电器电子产品。

第十七条 电器电子产品有害物质限制使用采取目录管理的方式。工业和信息化部根据产业发展的实际状况,商发展改革委、科技部、财政部、环境保护部、商务部、海关总署、质检总局编制、调整、发布达标管理目录。

第十八条 国家建立电器电子产品有害物质限制使用合格评定制度。纳入达标管理目录的电器电子产品,应当符合电器电子产品有害物质限制使用限量要求的国家标准或行业标准,按照电器电子产品有害物质限制使用合格评定制度进行管理。

工业和信息化部根据电器电子产品有害物质限制使用工作整体安排,向国家认证认可监督主管部门提出建立电器电子产品有害物质限制使用合格评定制度的建议。国家认证认可监督主管部门依据职能会同工业和信息化部制定、发布并组织实施合格评定制度。工业和信息化部根据实际情况,会同财政部等部门对合格评定结果建立相关采信机制。

第三章 罚 则

第十九条 违反本办法,有下列情形之一的,由商务、海关、质检等部门在各自的职责范围内依法予以处罚:

（一）电器电子产品生产者违反本办法第十条的规定，所采用的材料、技术和工艺违反电器电子产品有害物质限制使用国家标准或行业标准的，以及将不符合本办法要求的电器电子产品出厂、销售的；

（二）电器电子产品进口者违反本办法第十一条的规定，进口的电器电子产品违反电器电子产品有害物质限制使用国家标准或行业标准的；

（三）电器电子产品生产者、进口者违反本办法第十二条的规定，制作或使用的电器电子产品包装物违反包装物使用国家标准或行业标准的；

（四）电器电子产品生产者、进口者违反本办法第十三条的规定，未标注电器电子产品有害物质的名称、含量、所在部件及其产品可否回收利用，以及不当利用或者处置可能会对环境和人类健康造成影响等信息的；

（五）电器电子产品生产者、进口者违反本办法第十四条的规定，未标注电器电子产品环保使用期限的；

（六）电器电子产品销售者违反本办法第十六条的规定，销售违反电器电子产品有害物质限制使用国家标准或行业标准的电器电子产品的；

（七）电器电子产品生产者、销售者和进口者违反本办法第十七条的规定，自列入达标管理目录的电器电子产品限制使用有害物质的实施之日起，生产、销售或进口有害物质含量超过电器电子产品有害物质限制使用限量的相关国家标准或行业标准的电器电子产品的。

第二十条 有关部门的工作人员滥用职权，徇私舞弊，纵容、包庇违反本办法规定的行为的，或者帮助违反本办法规定的当事人逃避查处的，依法给予行政处分。

第四章　附　则

第二十一条　任何组织和个人有权对违反本办法规定的行为向有关部门投诉、举报。

第二十二条　本办法由工业和信息化部商发展改革委、科技部、财政部、环境保护部、商务部、海关总署、质检总局解释。

第二十三条　本办法自 2016 年 7 月 1 日起施行。2006 年 2 月 28 日公布的《电子信息产品污染控制管理办法》（原信息产业部、发展改革委、商务部、海关总署、工商总局、质检总局、原环保总局令第 39 号）同时废止。

全国普法学习读本
★★★★★

行政与科技法律法规读本

电子通信法律法规学习读本
无线电与广播法律法规

叶浦芳　主编

图书在版编目（CIP）数据

无线电与广播法律法规/叶浦芳主编. -- 汕头：汕头大学出版社（2021.7重印）
（电子通信法律法规学习读本）
ISBN 978-7-5658-3572-8

Ⅰ.①无… Ⅱ.①叶… Ⅲ.①无线电管理-法律-中国-学习参考资料②广播-传媒法-中国-学习参考资料 Ⅳ.①D922.84

中国版本图书馆 CIP 数据核字（2018）第 078977 号

无线电与广播法律法规 WUXIANDIAN YU GUANGBO FALÜ FAGUI

主　　编：	叶浦芳
责任编辑：	邹　峰
责任技编：	黄东生
封面设计：	大华文苑
出版发行：	汕头大学出版社
	广东省汕头市大学路 243 号汕头大学校园内　邮政编码：515063
电　　话：	0754-82904613
印　　刷：	三河市南阳印刷有限公司
开　　本：	690mm×960mm 1/16
印　　张：	18
字　　数：	226 千字
版　　次：	2018 年 5 月第 1 版
印　　次：	2021 年 7 月第 2 次印刷
定　　价：	59.60 元（全 2 册）

ISBN 978-7-5658-3572-8

版权所有，翻版必究
如发现印装质量问题，请与承印厂联系退换

前　言

习近平总书记指出："推进全民守法，必须着力增强全民法治观念。要坚持把全民普法和守法作为依法治国的长期基础性工作，采取有力措施加强法制宣传教育。要坚持法治教育从娃娃抓起，把法治教育纳入国民教育体系和精神文明创建内容，由易到难、循序渐进不断增强青少年的规则意识。要健全公民和组织守法信用记录，完善守法诚信褒奖机制和违法失信行为惩戒机制，形成守法光荣、违法可耻的社会氛围，使遵法守法成为全体人民共同追求和自觉行动。"

中共中央、国务院曾经转发了中央宣传部、司法部关于在公民中开展法治宣传教育的规划，并发出通知，要求各地区各部门结合实际认真贯彻执行。通知指出，全民普法和守法是依法治国的长期基础性工作。深入开展法治宣传教育，是全面建成小康社会和新农村的重要保障。

普法规划指出：各地区各部门要根据实际需要，从不同群体的特点出发，因地制宜开展有特色的法治宣传教育坚持集中法治宣传教育与经常性法治宣传教育相结合，深化法律进机关、进乡村、进社区、进学校、进企业、进单位的"法律六进"主题活动，完善工作标准，建立长效机制。

特别是农业、农村和农民问题，始终是关系党和人民事业发展的全局性和根本性问题。党中央、国务院发布的《关于推进社会主义新农村建设的若干意见》中明确提出要"加强农村法制建设，深入开展农村普法教育，增强农民的法制观念，提高农民依法行使权利和履行义务的自觉性。"多年普法实践证明，普及法律知识，提高法制观念,增强全社会依法办事意识具有重要作用。特别是在广大农村进行普法教育,是提高全民法律素质的需要。

多年来,我国在农村实行的改革开放取得了极大成功,农村发生了翻天覆地的变化,广大农民生活水平大大得到了提高。但是,由于历史和社会等原因,现阶段我国一些地区农民文化素质还不高,不学法、不懂法、不守法现象虽然较原来有所改变,但仍有相当一部分群众的法制观念仍很淡化,不懂、不愿借助法律来保护自身权益,这就极易受到不法的侵害,或极易进行违法犯罪活动,严重阻碍了全面建成小康社会和新农村步伐。

为此,根据党和政府的指示精神以及普法规划,特别是根据广大农村农民的现状,在有关部门和专家的指导下,特别编辑了这套《全国普法学习读本》。主要包括了广大人民群众应知应懂、实际实用的法律法规。为了辅导学习,附录还收入了相应法律法规的条例准则、实施细则、解读解答、案例分析等;同时为了突出法律法规的实际实用特点,兼顾地方性和特殊性,附录还收入了部分某些地方性法律法规以及非法律法规的政策文件、管理制度、应用表格等内容,拓展了本书的知识范围,使法律法规更"接地气",便于读者学习掌握和实际应用。

在众多法律法规中,我们通过甄别,淘汰了废止的,精选了最新的、权威的和全面的。但有部分法律法规有些条款不适应当下情况了,却没有颁布新的,我们又不能擅自改动,只得保留原有条款,但附录却有相应的补充修改意见或通知等。众多法律法规根据不同内容和受众特点,经过归类组合,优化配套。整套普法读本非常全面系统,具有很强的学习性、实用性和指导性,非常适合用于广大农村和城乡普法学习教育与实践指导。总之,是全国全民普法的良好读本。

目 录

中华人民共和国无线电管理条例

第一章　总　则 ………………………………………（1）
第二章　管理机构及其职责 …………………………（2）
第三章　频率管理 ……………………………………（3）
第四章　无线电台（站）管理 ………………………（6）
第五章　无线电发射设备管理 ………………………（9）
第六章　涉外无线电管理 ……………………………（11）
第七章　无线电监测和电波秩序维护 ………………（12）
第八章　法律责任 ……………………………………（15）
第九章　附　则 ………………………………………（17）
附　录
　　中华人民共和国无线电管制规定 ………………（18）
　　无线电干扰投诉和查处工作暂行办法 …………（22）
　　无线电频率使用许可管理办法 …………………（26）
　　建立卫星通信网和设置使用地球站管理规定 …（34）
　　卫星移动通信系统终端地球站管理办法 ………（45）

业余无线电台管理办法

第一章　总　则 ………………………………………（50）
第二章　业余无线电台设置审批 ……………………（51）
第三章　业余无线电台使用 …………………………（54）

第四章　业余无线电台呼号 ………………………………… (56)
第五章　监督检查 …………………………………………… (57)
第六章　法律责任 …………………………………………… (58)
第七章　附　则 ……………………………………………… (59)
附　录
　　业余无线电台呼号管理办法 ………………………………… (60)

广播电视管理条例

第一章　总　则 ……………………………………………… (64)
第二章　广播电台和电视台 ………………………………… (65)
第三章　广播电视传输覆盖网 ……………………………… (67)
第四章　广播电视节目 ……………………………………… (69)
第五章　罚　则 ……………………………………………… (71)
第六章　附　则 ……………………………………………… (74)
附　录
　　广播电视安全播出管理规定 ……………………………… (75)
　　广播电视视频点播业务管理办法 ………………………… (86)
　　广播电视广告播出管理办法 ……………………………… (93)
　　《广播电视广告播出管理办法》的补充规定 …………… (101)
　　有线广播电视运营服务管理暂行规定 …………………… (102)
　　卫星电视广播地面接收设施管理规定 …………………… (111)
　　卫星传输广播电视节目管理办法 ………………………… (114)
　　中国广播电视播音员主持人自律公约 …………………… (118)
　　电视剧内容管理规定 ……………………………………… (121)
　　关于支持电视剧繁荣发展若干政策的通知 ……………… (129)
　　国务院办公厅关于加快推进广播电视村村通向户户通
　　　升级工作的通知 ………………………………………… (133)

中华人民共和国无线电管理条例

中华人民共和国国务院
中华人民共和国中央军事委员会令
第 672 号

现公布修订后的《中华人民共和国无线电管理条例》,自 2016 年 12 月 1 日起施行。

中央军委主席　国务院总理
习近平　李克强
2016 年 11 月 11 日

(1993 年 9 月 11 日中华人民共和国国务院、中华人民共和国中央军事委员会令第 128 号发布;根据 2016 年 11 月 11 日中华人民共和国国务院、中华人民共和国中央军事委员会令第 672 号修订)

第一章　总　　则

第一条　为了加强无线电管理,维护空中电波秩序,有效开发、利用无线电频谱资源，保证各种无线电业务的正常进行，制定本条例。

第二条 在中华人民共和国境内使用无线电频率，设置、使用无线电台（站），研制、生产、进口、销售和维修无线电发射设备，以及使用辐射无线电波的非无线电设备，应当遵守本条例。

第三条 无线电频谱资源属于国家所有。国家对无线电频谱资源实行统一规划、合理开发、有偿使用的原则。

第四条 无线电管理工作在国务院、中央军事委员会的统一领导下分工管理、分级负责，贯彻科学管理、保护资源、保障安全、促进发展的方针。

第五条 国家鼓励、支持对无线电频谱资源的科学技术研究和先进技术的推广应用，提高无线电频谱资源的利用效率。

第六条 任何单位或者个人不得擅自使用无线电频率，不得对依法开展的无线电业务造成有害干扰，不得利用无线电台（站）进行违法犯罪活动。

第七条 根据维护国家安全、保障国家重大任务、处置重大突发事件等需要，国家可以实施无线电管制。

第二章 管理机构及其职责

第八条 国家无线电管理机构负责全国无线电管理工作，依据职责拟订无线电管理的方针、政策，统一管理无线电频率和无线电台（站），负责无线电监测、干扰查处和涉外无线电管理等工作，协调处理无线电管理相关事宜。

第九条 中国人民解放军电磁频谱管理机构负责军事系统的无线电管理工作，参与拟订国家有关无线电管理的方针、政策。

第十条 省、自治区、直辖市无线电管理机构在国家无线电管理机构和省、自治区、直辖市人民政府领导下，负责本行政区域除军事系统外的无线电管理工作，根据审批权限实施无线电频率使用许可，审查无线电台（站）的建设布局和台址，核发无线电台执照及无线电台识别码（含呼号，下同），负责本行政区域无线电监测和干扰查处，协调处理本行政区域无线电管理相关事宜。

省、自治区无线电管理机构根据工作需要可以在本行政区域内设立派出机构。派出机构在省、自治区无线电管理机构的授权范围内履行职责。

第十一条 军地建立无线电管理协调机制，共同划分无线电频率，协商处理涉及军事系统与非军事系统间的无线电管理事宜。无线电管理重大问题报国务院、中央军事委员会决定。

第十二条 国务院有关部门的无线电管理机构在国家无线电管理机构的业务指导下，负责本系统（行业）的无线电管理工作，贯彻执行国家无线电管理的方针、政策和法律、行政法规、规章，依照本条例规定和国务院规定的部门职权，管理国家无线电管理机构分配给本系统（行业）使用的航空、水上无线电专用频率，规划本系统（行业）无线电台（站）的建设布局和台址，核发制式无线电台执照及无线电台识别码。

第三章　频率管理

第十三条 国家无线电管理机构负责制定无线电频率划分规定，并向社会公布。

制定无线电频率划分规定应当征求国务院有关部门和军队有关单位的意见，充分考虑国家安全和经济社会、科学技术发展以及频谱资源有效利用的需要。

第十四条 使用无线电频率应当取得许可，但下列频率除外：

（一）业余无线电台、公众对讲机、制式无线电台使用的频率；

（二）国际安全与遇险系统，用于航空、水上移动业务和无线电导航业务的国际固定频率；

（三）国家无线电管理机构规定的微功率短距离无线电发射设备使用的频率。

第十五条 取得无线电频率使用许可，应当符合下列条件：

（一）所申请的无线电频率符合无线电频率划分和使用规定，有明确具体的用途；

（二）使用无线电频率的技术方案可行；

（三）有相应的专业技术人员；

（四）对依法使用的其他无线电频率不会产生有害干扰。

第十六条 无线电管理机构应当自受理无线电频率使用许可申请之日起20个工作日内审查完毕，依照本条例第十五条规定的条件，并综合考虑国家安全需要和可用频率的情况，作出许可或者不予许可的决定。予以许可的，颁发无线电频率使用许可证；不予许可的，书面通知申请人并说明理由。

无线电频率使用许可证应当载明无线电频率的用途、使用范围、使用率要求、使用期限等事项。

第十七条 地面公众移动通信使用频率等商用无线电频率的使用许可，可以依照有关法律、行政法规的规定采取招标、拍卖的方式。

无线电管理机构采取招标、拍卖的方式确定中标人、买受人后，应当作出许可的决定，并依法向中标人、买受人颁发无线电频率使用许可证。

第十八条 无线电频率使用许可由国家无线电管理机构实施。国家无线电管理机构确定范围内的无线电频率使用许可，由省、自治区、直辖市无线电管理机构实施。

国家无线电管理机构分配给交通运输、渔业、海洋系统（行业）使用的水上无线电专用频率，由所在地省、自治区、直辖市无线电管理机构分别会同相关主管部门实施许可；国家无线电管理机构分配给民用航空系统使用的航空无线电专用频率，由国务院民用航空主管部门实施许可。

第十九条 无线电频率使用许可的期限不得超过10年。

无线电频率使用期限届满后需要继续使用的，应当在期限届满30个工作日前向作出许可决定的无线电管理机构提出延续申请。受理申请的无线电管理机构应当依照本条例第十五条、第十六条的规定进行审查并作出决定。

无线电频率使用期限届满前拟终止使用无线电频率的，应当及时向作出许可决定的无线电管理机构办理注销手续。

第二十条 转让无线电频率使用权的，受让人应当符合本条例第十五条规定的条件，并提交双方转让协议，依照本条例第十六条规定的程序报请无线电管理机构批准。

第二十一条 使用无线电频率应当按照国家有关规定缴纳无线电频率占用费。

无线电频率占用费的项目、标准，由国务院财政部门、价格主管部门制定。

第二十二条 国际电信联盟依照国际规则规划给我国使用的卫星无线电频率，由国家无线电管理机构统一分配给使用单位。

申请使用国际电信联盟非规划的卫星无线电频率，应当通过国家无线电管理机构统一提出申请。国家无线电管理机构应当及时组织有关单位进行必要的国内协调，并依照国际规则开展国际申报、协调、登记工作。

第二十三条 组建卫星通信网需要使用卫星无线电频率的，除应当符合本条例第十五条规定的条件外，还应当提供拟使用的空间无线电台、卫星轨道位置和卫星覆盖范围等信息，以及完成国内协调并开展必要国际协调的证明材料等。

第二十四条 使用其他国家、地区的卫星无线电频率开展业务，应当遵守我国卫星无线电频率管理的规定，并完成与我国申报的卫星无线电频率的协调。

第二十五条 建设卫星工程，应当在项目规划阶段对拟使用的卫星无线电频率进行可行性论证；建设须经国务院、中央军事委员会批准的卫星工程，应当在项目规划阶段与国家无线电管理机构协商确定拟使用的卫星无线电频率。

第二十六条 除因不可抗力外，取得无线电频率使用许可后超过2年不使用或者使用率达不到许可证规定要求的，作出许可决定的无线电管理机构有权撤销无线电频率使用许可，收回无线电频率。

第四章 无线电台（站）管理

第二十七条 设置、使用无线电台（站）应当向无线电管理机构申请取得无线电台执照，但设置、使用下列无线电台（站）的除外：

（一）地面公众移动通信终端；

（二）单收无线电台（站）；

（三）国家无线电管理机构规定的微功率短距离无线电台（站）。

第二十八条 除本条例第二十九条规定的业余无线电台外，设置、使用无线电台（站），应当符合下列条件：

（一）有可用的无线电频率；

（二）所使用的无线电发射设备依法取得无线电发射设备型号核准证且符合国家规定的产品质量要求；

（三）有熟悉无线电管理规定、具备相关业务技能的人员；

（四）有明确具体的用途，且技术方案可行；

（五）有能够保证无线电台（站）正常使用的电磁环境，拟设置的无线电台（站）对依法使用的其他无线电台（站）不会产生有害干扰。

申请设置、使用空间无线电台，除应当符合前款规定的条件外，还应当有可利用的卫星无线电频率和卫星轨道资源。

第二十九条　申请设置、使用业余无线电台的，应当熟悉无线电管理规定，具有相应的操作技术能力，所使用的无线电发射设备应当符合国家标准和国家无线电管理的有关规定。

第三十条　设置、使用有固定台址的无线电台（站），由无线电台（站）所在地的省、自治区、直辖市无线电管理机构实施许可。设置、使用没有固定台址的无线电台，由申请人住所地的省、自治区、直辖市无线电管理机构实施许可。

设置、使用空间无线电台、卫星测控（导航）站、卫星关口站、卫星国际专线地球站、15瓦以上的短波无线电台（站）以及涉及国家主权、安全的其他重要无线电台（站），由国家无线电管理机构实施许可。

第三十一条　无线电管理机构应当自受理申请之日起30个工作日内审查完毕，依照本条例第二十八条、第二十九条规定的条件，作出许可或者不予许可的决定。予以许可的，颁发无线电台执照，需要使用无线电台识别码的，同时核发无线电台识别码；不予许可的，书面通知申请人并说明理由。

无线电台（站）需要变更、增加无线电台识别码的，由无线电管理机构核发。

第三十二条　无线电台执照应当载明无线电台（站）的台址、使用频率、发射功率、有效期、使用要求等事项。

无线电台执照的样式由国家无线电管理机构统一规定。

第三十三条 无线电台（站）使用的无线电频率需要取得无线电频率使用许可的，其无线电台执照有效期不得超过无线电频率使用许可证规定的期限；依照本条例第十四条规定不需要取得无线电频率使用许可的，其无线电台执照有效期不得超过5年。

无线电台执照有效期届满后需要继续使用无线电台（站）的，应当在期限届满30个工作日前向作出许可决定的无线电管理机构申请更换无线电台执照。受理申请的无线电管理机构应当依照本条例第三十一条的规定作出决定。

第三十四条 国家无线电管理机构向国际电信联盟统一申请无线电台识别码序列，并对无线电台识别码进行编制和分配。

第三十五条 建设固定台址的无线电台（站）的选址，应当符合城乡规划的要求，避开影响其功能发挥的建筑物、设施等。地方人民政府制定、修改城乡规划，安排可能影响大型无线电台（站）功能发挥的建设项目的，应当考虑其功能发挥的需要，并征求所在地无线电管理机构和军队电磁频谱管理机构的意见。

设置大型无线电台（站）、地面公众移动通信基站，其台址布局规划应当符合资源共享和电磁环境保护的要求。

第三十六条 船舶、航空器、铁路机车（含动车组列车，下同）设置、使用制式无线电台应当符合国家有关规定，由国务院有关部门的无线电管理机构颁发无线电台执照；需要使用无线电台识别码的，同时核发无线电台识别码。国务院有关部门应当将制式无线电台执照及无线电台识别码的核发情况定期通报国家无线电管理机构。

船舶、航空器、铁路机车设置、使用非制式无线电台的管理办法，由国家无线电管理机构会同国务院有关部门制定。

第三十七条 遇有危及国家安全、公共安全、生命财产安全的紧急情况或者为了保障重大社会活动的特殊需要，可以不经批准临时设置、使用无线电台（站），但是应当及时向无线电台（站）所在地无线电管理机构报告，并在紧急情况消除或者重大社会活动结束后及时关闭。

第三十八条　无线电台（站）应当按照无线电台执照规定的许可事项和条件设置、使用；变更许可事项的，应当向作出许可决定的无线电管理机构办理变更手续。

无线电台（站）终止使用的，应当及时向作出许可决定的无线电管理机构办理注销手续，交回无线电台执照，拆除无线电台（站）及天线等附属设备。

第三十九条　使用无线电台（站）的单位或者个人应当对无线电台（站）进行定期维护，保证其性能指标符合国家标准和国家无线电管理的有关规定，避免对其他依法设置、使用的无线电台（站）产生有害干扰。

第四十条　使用无线电台（站）的单位或者个人应当遵守国家环境保护的规定，采取必要措施防止无线电波发射产生的电磁辐射污染环境。

第四十一条　使用无线电台（站）的单位或者个人不得故意收发无线电台执照许可事项之外的无线电信号，不得传播、公布或者利用无意接收的信息。

业余无线电台只能用于相互通信、技术研究和自我训练，并在业余业务或者卫星业余业务专用频率范围内收发信号，但是参与重大自然灾害等突发事件应急处置的除外。

第五章　无线电发射设备管理

第四十二条　研制无线电发射设备使用的无线电频率，应当符合国家无线电频率划分规定。

第四十三条 生产或者进口在国内销售、使用的无线电发射设备，应当符合产品质量等法律法规、国家标准和国家无线电管理的有关规定。

第四十四条 除微功率短距离无线电发射设备外，生产或者进口在国内销售、使用的其他无线电发射设备，应当向国家无线电管理机构申请型号核准。无线电发射设备型号核准目录由国家无线电管理机构公布。

生产或者进口应当取得型号核准的无线电发射设备，除应当符合本条例第四十三条的规定外，还应当符合无线电发射设备型号核准证核定的技术指标，并在设备上标注型号核准代码。

第四十五条 取得无线电发射设备型号核准，应当符合下列条件：

（一）申请人有相应的生产能力、技术力量、质量保证体系；

（二）无线电发射设备的工作频率、功率等技术指标符合国家标准和国家无线电管理的有关规定。

第四十六条 国家无线电管理机构应当依法对申请型号核准的无线电发射设备是否符合本条例第四十五条规定的条件进行审查，自受理申请之日起30个工作日内作出核准或者不予核准的决定。予以核准的，颁发无线电发射设备型号核准证；不予核准的，书面通知申请人并说明理由。

国家无线电管理机构应当定期将无线电发射设备型号核准的情况向社会公布。

第四十七条 进口依照本条例第四十四条的规定应当取得型号核准的无线电发射设备，进口货物收货人、携带无线电发射设备入境的人员、寄递无线电发射设备的收件人，应当主动向海关申报，凭无线电发射设备型号核准证办理通关手续。

进行体育比赛、科学实验等活动，需要携带、寄递依照本条例第四十四条的规定应当取得型号核准而未取得型号核准的无线电发射设备临时进关的，应当经无线电管理机构批准，凭批准文件办理通关手续。

第四十八条 销售依照本条例第四十四条的规定应当取得型号核准的无线电发射设备，应当向省、自治区、直辖市无线电管理机构办理销售备案。不得销售未依照本条例规定标注型号核准代码的无线电发射设备。

第四十九条 维修无线电发射设备，不得改变无线电发射设备型号核准证核定的技术指标。

第五十条 研制、生产、销售和维修大功率无线电发射设备，应当采取措施有效抑制电波发射，不得对依法设置、使用的无线电台（站）产生有害干扰。进行实效发射试验的，应当依照本条例第三十条的规定向省、自治区、直辖市无线电管理机构申请办理临时设置、使用无线电台（站）手续。

第六章 涉外无线电管理

第五十一条 无线电频率协调的涉外事宜，以及我国境内电台与境外电台的相互有害干扰，由国家无线电管理机构会同有关单位与有关的国际组织或者国家、地区协调处理。

需要向国际电信联盟或者其他国家、地区提供无线电管理相关资料的，由国家无线电管理机构统一办理。

第五十二条 在边境地区设置、使用无线电台（站），应当遵守我国与相关国家、地区签订的无线电频率协调协议。

第五十三条 外国领导人访华、各国驻华使领馆和享有外交特权与豁免的国际组织驻华代表机构需要设置、使用无线电台（站）

的，应当通过外交途径经国家无线电管理机构批准。

除使用外交邮袋装运外，外国领导人访华、各国驻华使领馆和享有外交特权与豁免的国际组织驻华代表机构携带、寄递或者以其他方式运输依照本条例第四十四条的规定应当取得型号核准而未取得型号核准的无线电发射设备入境的，应当通过外交途径经国家无线电管理机构批准后办理通关手续。

其他境外组织或者个人在我国境内设置、使用无线电台（站）的，应当按照我国有关规定经相关业务主管部门报请无线电管理机构批准；携带、寄递或者以其他方式运输依照本条例第四十四条的规定应当取得型号核准而未取得型号核准的无线电发射设备入境的，应当按照我国有关规定经相关业务主管部门报无线电管理机构批准后，到海关办理无线电发射设备入境手续，但国家无线电管理机构规定不需要批准的除外。

第五十四条 外国船舶（含海上平台）、航空器、铁路机车、车辆等设置的无线电台在我国境内使用，应当遵守我国的法律、法规和我国缔结或者参加的国际条约。

第五十五条 境外组织或者个人不得在我国境内进行电波参数测试或者电波监测。

任何单位或者个人不得向境外组织或者个人提供涉及国家安全的境内电波参数资料。

第七章　无线电监测和电波秩序维护

第五十六条 无线电管理机构应当定期对无线电频率的使用情况和在用的无线电台（站）进行检查和检测，保障无线电台（站）的正常使用，维护正常的无线电波秩序。

第五十七条 国家无线电监测中心和省、自治区、直辖市无线电监测站作为无线电管理技术机构，分别在国家无线电管理机构和省、自治区、直辖市无线电管理机构领导下，对无线电信号实施监测，查找无线电干扰源和未经许可设置、使用的无线电台（站）。

第五十八条 国务院有关部门的无线电监测站负责对本系统（行业）的无线电信号实施监测。

第五十九条 工业、科学、医疗设备，电气化运输系统、高压电力线和其他电器装置产生的无线电波辐射，应当符合国家标准和国家无线电管理的有关规定。

制定辐射无线电波的非无线电设备的国家标准和技术规范，应当征求国家无线电管理机构的意见。

第六十条 辐射无线电波的非无线电设备对已依法设置、使用的无线电台（站）产生有害干扰的，设备所有者或者使用者应当采取措施予以消除。

第六十一条 经无线电管理机构确定的产生无线电波辐射的工程设施，可能对已依法设置、使用的无线电台（站）造成有害干扰的，其选址定点由地方人民政府城乡规划主管部门和省、自治区、直辖市无线电管理机构协商确定。

第六十二条 建设射电天文台、气象雷达站、卫星测控（导航）站、机场等需要电磁环境特殊保护的项目，项目建设单位应当在确定工程选址前对其选址进行电磁兼容分析和论证，并征求无线电管理机构的意见；未进行电磁兼容分析和论证，或者未征求、采纳无线电管理机构的意见的，不得向无线电管理机构提出排除有害干扰的要求。

第六十三条 在已建射电天文台、气象雷达站、卫星测控（导航）站、机场的周边区域，不得新建阻断无线电信号传输的高大建筑、设施，不得设置、使用干扰其正常使用的设施、设备。无线电管理机构应当会同城乡规划主管部门和其他有关部门制定具体的保护措施并向社会公布。

第六十四条 国家对船舶、航天器、航空器、铁路机车专用的无线电导航、遇险救助和安全通信等涉及人身安全的无线电频率予以特别保护。任何无线电发射设备和辐射无线电波的非无线电设备对其产生有害干扰的，应当立即消除有害干扰。

第六十五条 依法设置、使用的无线电台（站）受到有害干扰的，可以向无线电管理机构投诉。受理投诉的无线电管理机构应当及时处理，并将处理情况告知投诉人。

处理无线电频率相互有害干扰，应当遵循频带外让频带内、次要业务让主要业务、后用让先用、无规划让有规划的原则。

第六十六条 无线电管理机构可以要求产生有害干扰的无线电台（站）采取维修无线电发射设备、校准发射频率或者降低功率等措施消除有害干扰；无法消除有害干扰的，可以责令产生有害干扰的无线电台（站）暂停发射。

第六十七条 对非法的无线电发射活动，无线电管理机构可以暂扣无线电发射设备或者查封无线电台（站），必要时可以采取技术性阻断措施；无线电管理机构在无线电监测、检查工作中发现涉嫌违法犯罪活动的，应当及时通报公安机关并配合调查处理。

第六十八条 省、自治区、直辖市无线电管理机构应当加强对生产、销售无线电发射设备的监督检查，依法查处违法行为。县级以上地方人民政府产品质量监督部门、工商行政管理部门应当配合监督检查，并及时向无线电管理机构通报其在产品质量监督、市场监管执法过程中发现的违法生产、销售无线电发射设备的行为。

第六十九条 无线电管理机构和无线电监测中心（站）的工作人员应当对履行职责过程中知悉的通信秘密和无线电信号保密。

第八章 法律责任

第七十条 违反本条例规定，未经许可擅自使用无线电频率，或者擅自设置、使用无线电台（站）的，由无线电管理机构责令改正，没收从事违法活动的设备和违法所得，可以并处5万元以下的罚款；拒不改正的，并处5万元以上20万元以下的罚款；擅自设置、使用无线电台（站）从事诈骗等违法活动，尚不构成犯罪的，并处20万元以上50万元以下的罚款。

第七十一条 违反本条例规定，擅自转让无线电频率的，由无线电管理机构责令改正，没收违法所得；拒不改正的，并处违法所得1倍以上3倍以下的罚款；没有违法所得或者违法所得不足10万元的，处1万元以上10万元以下的罚款；造成严重后果的，吊销无线电频率使用许可证。

第七十二条 违反本条例规定，有下列行为之一的，由无线电管理机构责令改正，没收违法所得，可以并处3万元以下的罚款；造成严重后果的，吊销无线电台执照，并处3万元以上10万元以下的罚款：

（一）不按照无线电台执照规定的许可事项和要求设置、使用无线电台（站）；

（二）故意收发无线电台执照许可事项之外的无线电信号，传播、公布或者利用无意接收的信息；

（三）擅自编制、使用无线电台识别码。

第七十三条 违反本条例规定，使用无线电发射设备、辐射无线电波的非无线电设备干扰无线电业务正常进行的，由无线电管理机构责令改正，拒不改正的，没收产生有害干扰的设备，并处5万元以上20万元以下的罚款，吊销无线电台执照；对船舶、航天器、航空器、铁路机车专用无线电导航、遇险救助和安全通信等涉及人身安全的无线电频率产生有害干扰的,并处20万元以上50万元以下的罚款。

第七十四条　未按照国家有关规定缴纳无线电频率占用费的,由无线电管理机构责令限期缴纳;逾期不缴纳的,自滞纳之日起按日加收0.05%的滞纳金。

第七十五条　违反本条例规定,有下列行为之一的,由无线电管理机构责令改正;拒不改正的,没收从事违法活动的设备,并处3万元以上10万元以下的罚款;造成严重后果的,并处10万元以上30万元以下的罚款：

（一）研制、生产、销售和维修大功率无线电发射设备,未采取有效措施抑制电波发射；

（二）境外组织或者个人在我国境内进行电波参数测试或者电波监测；

（三）向境外组织或者个人提供涉及国家安全的境内电波参数资料。

第七十六条　违反本条例规定,生产或者进口在国内销售、使用的无线电发射设备未取得型号核准的,由无线电管理机构责令改正,处5万元以上20万元以下的罚款;拒不改正的,没收未取得型号核准的无线电发射设备,并处20万元以上100万元以下的罚款。

第七十七条　销售依照本条例第四十四条的规定应当取得型号核准的无线电发射设备未向无线电管理机构办理销售备案的,由无线电管理机构责令改正;拒不改正的,处1万元以上3万元以下的罚款。

第七十八条　销售依照本条例第四十四条的规定应当取得型号核准而未取得型号核准的无线电发射设备的,由无线电管理机构责令改正，没收违法销售的无线电发射设备和违法所得，可以并处违法销售的设备货值10%以下的罚款；拒不改正的，并处违法销售的设备货值10%以上30%以下的罚款。

第七十九条　维修无线电发射设备改变无线电发射设备型号核准证核定的技术指标的，由无线电管理机构责令改正；拒不改正的，处1万元以上3万元以下的罚款。

第八十条　生产、销售无线电发射设备违反产品质量管理法律法规的，由产品质量监督部门依法处罚。

进口无线电发射设备，携带、寄递或者以其他方式运输无线电发射设备入境，违反海关监管法律法规的，由海关依法处罚。

第八十一条　违反本条例规定，构成违反治安管理行为的，依法给予治安管理处罚；构成犯罪的，依法追究刑事责任。

第八十二条　无线电管理机构及其工作人员不依照本条例规定履行职责的，对负有责任的领导人员和其他直接责任人员依法给予处分。

第九章　附　　则

第八十三条　实施本条例规定的许可需要完成有关国内、国际协调或者履行国际规则规定程序的，进行协调以及履行程序的时间不计算在许可审查期限内。

第八十四条　军事系统无线电管理，按照军队有关规定执行。

涉及广播电视的无线电管理，法律、行政法规另有规定的，依照其规定执行。

第八十五条　本条例自2016年12月1日起施行。

附 录

中华人民共和国无线电管制规定

中华人民共和国国务院
中华人民共和国中央军事委员会令
第 579 号

现公布《中华人民共和国无线电管制规定》,自 2010 年 11 月 1 日起施行。

国务院总理 温家宝
中央军委主席 胡锦涛
二〇一〇年八月三十一日

第一条 为了保障无线电管制的有效实施,维护国家安全和社会公共利益,制定本规定。

第二条 本规定所称无线电管制,是指在特定时间和特定区域内,依法采取限制或者禁止无线电台(站)、无线电发射设备和辐射无线电波的非无线电设备的使用,以及对特定的无线电频率实施技术阻断等措施,对无线电波的发射、辐射和传播实施的强制性管理。

第三条 根据维护国家安全、保障国家重大任务、处置重大突发事件等需要，国家可以实施无线电管制。

在全国范围内或者跨省、自治区、直辖市实施无线电管制，由国务院和中央军事委员会决定。

在省、自治区、直辖市范围内实施无线电管制，由省、自治区、直辖市人民政府和相关军区决定，并报国务院和中央军事委员会备案。

第四条　实施无线电管制，应当遵循科学筹划、合理实施的原则，最大限度地减轻无线电管制对国民经济和人民群众生产生活造成的影响。

第五条　国家无线电管理机构和军队电磁频谱管理机构，应当根据无线电管制需要，会同国务院有关部门，制定全国范围的无线电管制预案，报国务院和中央军事委员会批准。

省、自治区、直辖市无线电管理机构和军区电磁频谱管理机构，应当根据全国范围的无线电管制预案，会同省、自治区、直辖市人民政府有关部门，制定本区域的无线电管制预案，报省、自治区、直辖市人民政府和军区批准。

第六条　决定实施无线电管制的机关应当在开始实施无线电管制10日前发布无线电管制命令，明确无线电管制的区域、对象、起止时间、频率范围以及其他有关要求。但是，紧急情况下需要立即实施无线电管制的除外。

第七条　国务院和中央军事委员会决定在全国范围内或者跨省、自治区、直辖市实施无线电管制的，由国家无线电管理机构和军队电磁频谱管理机构会同国务院公安等有关部门组成无线电管制协调机构，负责无线电管制的组织、协调工作。

在省、自治区、直辖市范围内实施无线电管制的，由省、自治区、直辖市无线电管理机构和军区电磁频谱管理机构会同公安等有关部门组成无线电管制协调机构，负责无线电管制的组织、协调工作。

第八条 无线电管制协调机构应当根据无线电管制命令发布无线电管制指令。

国家无线电管理机构和军队电磁频谱管理机构，省、自治区、直辖市无线电管理机构和军区电磁频谱管理机构，依照无线电管制指令，根据各自的管理职责，可以采取下列无线电管制措施：

（一）对无线电台（站）、无线电发射设备和辐射无线电波的非无线电设备进行清查、检测；

（二）对电磁环境进行监测，对无线电台（站）、无线电发射设备和辐射无线电波的非无线电设备的使用情况进行监督；

（三）采取电磁干扰等技术阻断措施；

（四）限制或者禁止无线电台（站）、无线电发射设备和辐射无线电波的非无线电设备的使用。

第九条 实施无线电管制期间，无线电管制区域内拥有、使用或者管理无线电台（站）、无线电发射设备和辐射无线电波的非无线电设备的单位或者个人，应当服从无线电管制命令和无线电管制指令。

第十条 实施无线电管制期间，有关地方人民政府，交通运输、铁路、广播电视、气象、渔业、通信、电力等部门和单位，军队、武装警察部队的有关单位，应当协助国家无线电管理机构和军队电磁频谱管理机构或者省、自治区、直辖市无线电管理机构和军区电磁频谱管理机构实施无线电管制。

第十一条 无线电管制结束，决定实施无线电管制的机关应当及时发布无线电管制结束通告；无线电管制命令已经明确无线电管制终止时间的，可以不再发布无线电管制结束通告。

第十二条 违反无线电管制命令和无线电管制指令的，由国家无线电管理机构或者省、自治区、直辖市无线电管理机构责令改正；拒不改正的，可以关闭、查封、暂扣或者拆除相关设备；情节严重的，吊销无线电台（站）执照和无线电频率使用许可证；违反治安管理规定的，由公安机关依法给予处罚。

军队、武装警察部队的有关单位违反无线电管制命令和无线电管制指令的，由军队电磁频谱管理机构或者军区电磁频谱管理机构责令改正；情节严重的，依照中央军事委员会的有关规定，对直接负责的主管人员和其他直接责任人员给予处分。

第十三条 本规定自 2010 年 11 月 1 日起施行。

无线电干扰投诉和查处工作暂行办法

工业和信息化部
关于印发《无线电干扰投诉和查处工作暂行办法》的通知
工信部无〔2017〕170号

各省、自治区、直辖市无线电管理机构，国家无线电监测中心，各相关单位：

　　为进一步加强无线电干扰投诉和查处工作，规范工作程序，有效维护电波秩序，保护用频设台用户合法权益，根据《中华人民共和国无线电管理条例》和相关行政法规，制定《无线电干扰投诉和查处工作暂行办法》，现予印发。请各相关单位加强人员配备，加大工作力度，认真贯彻执行。

工业和信息化部
2017年7月14日

　　第一条　为进一步加强无线电干扰投诉和查处工作，规范无线电干扰查处工作程序，有效维护电波秩序，保护用频设台用户合法权益，根据《中华人民共和国无线电管理条例》和相关行政法规，并参考国际电信联盟《无线电规则》，制定本办法。

　　第二条　由国家无线电管理机构负责受理并组织开展的无线电干扰投诉和查处工作适用本办法。

　　各省、自治区、直辖市无线电管理机构负责受理并组织开展的无线电干扰投诉和查处工作相关规定，由各地无线电管理机构结合实际另行制定。

第三条 国家无线电管理机构负责受理我国境内短波、卫星业务的干扰投诉，境外无线电主管部门向我国提出的干扰投诉；组织国家无线电监测中心、相关省、自治区、直辖市无线电管理机构和其他有关单位开展无线电干扰的查找和处置；代表国家向境外无线电主管部门提出干扰投诉等工作。

省、自治区、直辖市无线电管理机构及其监测站负责承担国家无线电管理机构下达的查处任务。

国家无线电监测中心负责短波、卫星业务的干扰监测和定位，必要时协助地方无线电管理机构及其监测站开展干扰逼近查找，协助国家无线电管理机构开展涉外无线电干扰相关工作。

第四条 境内合法使用短波、卫星业务的单位或个人，受到无线电有害干扰时，均可向国家无线电管理机构提出干扰投诉。

境外用户受到可能来自我国的无线电干扰时，可由境外相关无线电主管部门向我国无线电管理机构提出干扰投诉。

第五条 要求干扰保护的频率和台站应具备无线电管理机构颁发的在有效期内的频率使用许可或无线电台执照。受干扰的频率和台站如涉及射电天文、气象雷达站、卫星测控（导航）站、机场等需要电磁环境特殊保护的项目，投诉人还应提交在工程选址前征求并采纳无线电管理机构意见的电磁兼容分析和论证报告。

对于向境外无线电主管部门提出干扰投诉的，投诉人应就受干扰频率和台站履行必要的国际协调或国际登记工作，但国际电信联盟《无线电规则》规定的违规发射干扰投诉除外。

第六条 投诉人应通过邮寄函件、传真等书面方式向国家无线电管理机构提出无线电干扰投诉，同时提交无线电干扰投诉单（见附件1）。

由于突发影响国家安全等重大无线电干扰，确实来不及提出书面干扰投诉的，可通过电话等方式向国家无线电管理机构口头提出干扰投诉，并在2个工作日内补发正式函件。

第七条 投诉人应当在干扰投诉前进行自查，排除由于自身设备故障、用户误操作等内部原因造成的干扰。有条件的用户，还可将疑似的干扰源位置、频谱图等相关信息与无线电干扰投诉单一并提交国家无线电管理机构，并在具体干扰查找过程中为无线电管理机构提供必要的协助。

第八条 接到干扰投诉后，国家无线电管理机构应当及时进行审查。符合投诉要求的，及时向相关单位下达无线电干扰排查任务；不符合投诉要求的，应告知投诉人具体原因；投诉资料不全的，应一次性告知投诉人予以补全。

第九条 对于投诉人未上报疑似干扰源位置的投诉，国家无线电管理机构应组织国家无线电监测中心开展监测定位。国家无线电监测中心将初步定位结果按要求报国家无线电管理机构，由国家无线电管理机构转交干扰所在省、自治区、直辖市无线电管理机构进行后续干扰查处工作。

对于投诉人已上报疑似干扰源位置的投诉，国家无线电管理机构可组织国家无线电监测中心开展定位确认，同时安排干扰所在省、自治区、直辖市无线电管理机构开展后续干扰查处工作。

第十条 对于干扰源在境内的，由干扰所在省、自治区、直辖市无线电管理机构按照《中华人民共和国无线电管理条例》和地方无线电管理有关法规依法查处，在规定期限内填写无线电干扰投诉排查任务回执单（见附件2）报国家无线电管理机构。

第十一条 对于干扰源在境外的，投诉人应按照国际电信联盟《无线电规则》对不同干扰类型的投诉要求，填写违章报告（附录9）或有害干扰报告（附录10），由国家无线电管理机构组织开展对外干扰投诉工作。

第十二条 干扰源可能涉及多个省（区、市）的，由国家无线电管理机构牵头，组织相关省、自治区、直辖市无线电管理机构开展联合查处。

在干扰查处工作中遇特殊情况需要协调的，由相关省、自治区、直辖市无线电管理机构组织开展，必要时可请求国家无线电管理机构予以协助。

第十三条 干扰查处工作中发现涉嫌犯罪行为的，相关省、自治区、直辖市无线电管理机构应将案件线索及时移送公安机关或国家安全机关，配合相关单位开展查处工作，并将处理结果报送国家无线电管理机构。

第十四条 干扰查处结束后，国家无线电管理机构应当将查处情况以书面或电话通知等形式及时告知投诉人。

第十五条 国家无线电管理机构应对历次干扰查处情况进行归档分析，不定期对干扰查处情况进行通报。省、自治区、直辖市无线电管理机构、国家无线电监测中心应加强对干扰出现较多的频段和地区的日常无线电监测工作。

第十六条 涉及军地之间无线电干扰事宜，由国家无线电管理机构会同中国人民解放军电磁频谱管理机构通过军地协调机制协商解决。

第十七条 本办法自2017年9月1日起施行。

附件1：无线电干扰投诉单（略）

附件2：无线电干扰投诉排查任务回执单（略）

无线电频率使用许可管理办法

中华人民共和国工业和信息化部令

第 40 号

《无线电频率使用许可管理办法》已经 2017 年 6 月 21 日工业和信息化部第 31 次部务会议审议通过,现予公布,自 2017 年 9 月 1 日起施行。

工业和信息化部部长
2017 年 7 月 3 日

第一章 总 则

第一条 为了加强无线电频率使用许可管理,规范无线电频率使用行为,有效利用无线电频谱资源,根据《中华人民共和国无线电管理条例》及其他法律、行政法规的规定,制定本办法。

第二条 向国家无线电管理机构和省、自治区、直辖市无线电管理机构(以下统称无线电管理机构)申请无线电频率使用许可,以及无线电管理机构实施无线电频率使用许可和监督管理,应当遵守本办法。

第三条 无线电频谱资源属于国家所有,实行有偿使用。

使用无线电频率应当按照国家有关规定缴纳无线电频率占用费。

第四条 使用无线电频率应当取得许可,但《中华人民共和国无线电管理条例》第十四条第一项至第三项所列的频率除外。

第二章　无线电频率使用许可的申请和审批

第五条　取得无线电频率使用许可，应当符合下列条件：

（一）所申请的无线电频率符合无线电频率划分和使用规定，有明确具体的用途；

（二）使用无线电频率的技术方案可行；

（三）有相应的专业技术人员；

（四）对依法使用的其他无线电频率不会产生有害干扰；

（五）法律、行政法规规定的其他条件。

使用卫星无线电频率，还应当符合空间无线电业务管理相关规定。

第六条　申请办理无线电频率使用许可，应当向无线电管理机构提交下列材料：

（一）使用无线电频率的书面申请及申请人身份证明材料；

（二）申请人基本情况，包括开展相关无线电业务的专业技术人员、技能和管理措施等；

（三）拟开展的无线电业务的情况说明，包括功能、用途、通信范围（距离）、服务对象和预测规模以及建设计划等；

（四）技术可行性研究报告，包括拟采用的通信技术体制和标准、系统配置情况、拟使用系统（设备）的频率特性、频率选用（组网）方案和使用率、主要使用区域的电波传播环境、干扰保护和控制措施，以及运行维护措施等；

（五）依法使用无线电频率的承诺书；

（六）法律、行政法规规定的其他材料。

无线电频率拟用于开展射电天文业务的，还应当提供具体的使用地点和有害干扰保护要求；用于开展空间无线电业务的，还应当提供拟使用的空间无线电台、卫星轨道位置、卫星覆盖范围、实际传输链路设计方案和计算等信息，以及关于可用的相关卫星无线电频率和完成国内协调并开展必要国际协调的证明材料。

无线电频率拟用于开展的无线电业务，依法需要取得有关部门批准的，还应当提供相应的批准文件。

第七条 国家无线电管理机构和省、自治区、直辖市无线电管理机构应当依据《中华人民共和国无线电管理条例》第十八条第一款规定的审批权限，实施无线电频率使用许可。

第八条 无线电管理机构应当对申请无线电频率使用许可的材料进行审查。申请材料齐全、符合法定形式的，应当予以受理，并向申请人出具受理申请通知书。申请材料不齐全或者不符合法定形式的，应当当场或者在5个工作日内一次性告知申请人需要补正的全部内容，逾期不告知的，自收到申请材料之日起即为受理。

第九条 无线电管理机构应当自受理申请之日起20个工作日内审查完毕，依照本办法第五条规定的条件，并综合考虑国家安全需要和可用频率的情况，作出准予许可或者不予许可的决定。20个工作日内不能作出决定的，经无线电管理机构负责人批准可以延长10个工作日，并应当将延长期限的理由告知申请人。

无线电管理机构作出准予许可的决定的，应当自作出决定之日起10个工作日内向申请人颁发无线电频率使用许可证。不予许可的，应当出具不予许可决定书，向申请人说明理由，并告知申请人享有依法申请行政复议或者提起行政诉讼的权利。

无线电管理机构采取招标、拍卖的方式实施无线电频率使用许可的，应当遵守有关法律、行政法规规定的程序。

第十条 无线电管理机构对无线电频率使用许可申请进行审查时，可以组织专家评审、依法举行听证。专家评审和听证所需时间不计算在本办法第九条规定的许可期限内，但无线电管理机构应当将所需时间书面告知申请人。

实施无线电频率使用许可需要完成有关国内、国际协调或者履行国际规则规定程序的，进行协调以及履行程序的时间不计算在本办法第九条规定的许可期限内。

第十一条 无线电管理机构作出无线电频率使用许可的决定时，应当明确无线电频率使用许可的期限。

无线电频率使用许可的期限不得超过10年。临时使用无线电频率的，无线电频率使用许可的期限不超过12个月。

第十二条 无线电频率使用许可证由正文、特别规定事项、许可证使用须知、无线电频率使用人的权利义务等内容组成。

无线电频率使用许可证正文应当载明无线电频率使用人、使用频率、使用地域、业务用途、使用期限、使用率要求、许可证编号、发证机关及签发时间等事项。

无线电频率使用许可证的具体内容由国家无线电管理机构制定并公布。国家无线电管理机构可以根据实际情况调整无线电频率使用许可证的内容。

对于临时使用无线电频率、试验使用无线电频率和国家无线电管理机构确定的其他情形，无线电管理机构可以颁发无线电频率使用批准文件，并载明本条第二款规定的事项。无线电频率使用批准文件与无线电频率使用许可证具有同等效力。

第十三条 无线电频率使用许可证由无线电管理机构负责人签发，加盖发证机关印章。

第十四条 无线电频率使用许可证样式由国家无线电管理机构统一规定。

第三章 无线电频率的使用

第十五条 使用无线电频率，应当遵守国家无线电管理的有关规定和无线电频率使用许可证的要求，接受、配合无线电管理机构的监督管理。

第十六条 无线电频率使用许可证应当妥善保存。任何组织或者个人不得伪造、涂改、冒用无线电频率使用许可证。

第十七条 国家根据维护国家安全、保障国家重大任务、处置重大突发事件等需要依法实施无线电管制的，管制区域内的无线电频率使用人应当遵守有关管制规定。

第十八条 无线电频率使用人不得擅自转让无线电频率使用权，不得擅自扩大使用范围或者改变用途。

需要转让无线电频率使用权的，受让人应当符合本办法第五条规定的条件，提交双方转让协议和本办法第六条规定的材料，依照本办法第九条规定的程序报请无线电管理机构批准。

第十九条 依法使用的无线电频率受到有害干扰的，可以向无线电管理机构投诉，无线电管理机构应当及时协调处理，并将处理情况告知投诉人。

第二十条 无线电频率使用人拟变更无线电频率使用许可证所载事项的，应当向作出许可决定的无线电管理机构提出申请。符合法定条件的，无线电管理机构应当依法办理变更手续。

第二十一条 无线电频率使用期限届满需要继续使用的，应当在期限届满30个工作日前向作出许可决定的无线电管理机构提出延续申请。无线电管理机构应当依照本办法第五条、第九条的规定进行审查，作出是否准予延续的决定。

第四章 监督管理

第二十二条 无线电管理机构应当对无线电频率使用行为进行监督检查。

无线电管理机构根据需要可以组织开展无线电频率使用评估，对无线电频率使用情况、使用率等进行检查。

第二十三条 无线电频率使用人应当于每年第一季度末前，按照无线电频率使用许可证的要求，向作出许可决定的无线电管理机构报送上一年度的无线电频率使用报告，包括上一年度无线电频率使用情况、执行无线电管理规定的情况等。无线电频率使用人应当对报告的真实性负责。

第二十四条 任何组织或者个人对未经许可擅自使用无线电频率或者违法使用无线电频率的行为，有权向无线电管理机构举报，无线电管理机构应当及时核实、处理。

第二十五条 有下列情形之一的，作出许可决定的无线电管理机构或者国家无线电管理机构可以撤销无线电频率使用许可：

（一）无线电管理机构工作人员滥用职权、玩忽职守作出准予许可决定的；

（二）超越法定职权或者违反法定程序作出准予许可决定的；

（三）对不具备申请资格或者不符合法定条件的申请人作出准予许可决定的；

（四）除因不可抗力外，取得无线电频率使用许可后超过2年不使用或者使用率达不到无线电频率许可证规定要求的；

（五）依法可以撤销无线电频率使用许可的其他情形。

无线电频率使用人以欺骗、贿赂等不正当手段取得无线电频率使用许可的，应当予以撤销。

第二十六条 有下列情形之一的，无线电管理机构应当依法办理无线电频率使用许可的注销手续：

（一）无线电频率使用许可的期限届满未书面申请延续或者未准予延续的；

（二）无线电频率使用人在无线电频率使用期限内申请终止使用频率的；

（三）无线电频率使用许可被依法撤销、撤回，或者无线电频率使用许可证依法被吊销的；

（四）因不可抗力导致无线电频率使用许可事项无法实施的；

（五）取得无线电频率使用许可的自然人死亡、丧失行为能力或者法人、其他组织依法终止的；

（六）法律、法规规定的其他情形。

无线电管理机构注销无线电频率使用许可的，同时收回无线电频率。

第五章 法律责任

第二十七条 申请人隐瞒有关情况或者提供虚假材料申请无线电频率使用许可的，无线电管理机构不予受理或者不予许可，并给予警告，申请人在一年内不得再次申请该许可。

以欺骗、贿赂等不正当手段取得无线电频率使用许可的，无线电管理机构给予警告，并视情节轻重处五千元以上三万元以下的罚款，申请人在三年内不得再次申请该许可。

第二十八条 未经许可擅自使用无线电频率、擅自转让无线电频率、未按照国家有关规定缴纳无线电频率占用费的，无线电管理机构应当分别依照《中华人民共和国无线电管理条例》第七十条、第七十一条、第七十四条的规定处理。

第二十九条 无线电频率使用人违反无线电频率使用许可证的要求使用频率，或者拒不接受、配合无线电管理机构依法实施的监督管理的，无线电管理机构应当责令改正，给予警告，可以并处五千元以上三万元以下的罚款。

第三十条 伪造、涂改、冒用无线电频率使用许可证的，无线电管理机构应当责令改正，给予警告或者处三万元以下的罚款。

第三十一条 无线电频率使用人在无线电频率使用许可的期限内，降低其申请取得无线电频率使用许可时所应当符合的条件的，无线电管理机构应当责令改正；拒不改正的，处三万元以下的罚款并将上述情况向社会公告。

第三十二条 无线电频率使用人对无线电管理机构作出的行政许可或者行政处罚决定不服的，可以依法申请行政复议或者提起行政诉讼。

第三十三条 无线电管理机构工作人员在实施无线电频率使用许可和监督管理工作中，滥用职权、玩忽职守、徇私舞弊的，依法给予处分。

第三十四条 违反本办法规定，构成犯罪的，依法追究刑事责任。

第六章 附 则

第三十五条 无线电频率使用许可的涉外事宜，依照《中华人民共和国无线电管理条例》和其他相关法律、行政法规规定办理。

无线电频率使用人取得的相应使用许可中未确定频率使用期限的，如频率使用时间已超过10年并且需要继续使用，应当自本办法施行之日起6个月内办理延续手续。

第三十六条 本办法自2017年9月1日起施行。本办法施行前颁布的有关规定与本办法不一致的，按照本办法执行。

建立卫星通信网和设置使用地球站管理规定

中华人民共和国工业和信息化部令
第 7 号

《建立卫星通信网和设置使用地球站管理规定》已经 2009 年 2 月 4 日中华人民共和国工业和信息化部第 6 次部务会议审议通过，现予公布，自 2009 年 4 月 10 日起施行。原中华人民共和国信息产业部 2002 年 6 月 21 日公布的《建立卫星通信网和设置使用地球站管理规定》（中华人民共和国信息产业部令第 21 号）同时废止。

工业和信息化部部长
二〇〇九年三月一日

第一章 总 则

第一条 为了规范建立卫星通信网和设置使用地球站的行为，避免和减少卫星网络之间、地球站与共用频段的其他无线电台之间的相互干扰，促进卫星通信事业健康发展，根据《中华人民共和国无线电管理条例》和相关行政法规，制定本规定。

第二条 在中华人民共和国境内建立卫星通信网和设置使用地球站，适用本规定。

本规定所称的卫星通信网，是指利用卫星空间电台进行通信的地球站组成的通信网。

本规定所称的地球站，是指设置在地球表面或者地球大气层主要部分以内的、与空间电台通信或者通过空间电台与同类电台进行通信的电台。

第三条 国家对建立卫星通信网实行许可制度。

建立卫星通信网的，应当经中华人民共和国工业和信息化部（以下称工业和信息化部）批准；未经批准，任何单位或者个人不得建立卫星通信网。

第四条 设置使用地球站的，应当按照本规定办理审批手续，取得工业和信息化部或者省、自治区、直辖市无线电管理机构颁发的无线电台执照。

设置使用单收地球站，不需要无线电管理机构对其信息接收提供电磁环境保护的，可以不按本规定办理审批手续；要求无线电管理机构保护其信息接收免受有害无线电干扰的，应当按照本规定办理审批手续并取得无线电台执照。

第二章 建立卫星通信网

第五条 建立卫星通信网的，应当具备下列条件：

（一）具有法人资格。

（二）拟使用的国内空间电台经工业和信息化部批准，并取得无线电台执照。

（三）拟使用的国外空间电台已完成与我国相关卫星网络空间电台和地面电台的频率协调，其技术特性符合双方主管部门之间达成的协议的要求。

（四）无线电频率的使用符合国家无线电频率划分、规划和有关管理规定。

（五）有合理可行的技术方案。

（六）有与卫星通信网建设、运营相适应的资金和专业人员。

（七）有可利用的、由合法经营者提供的卫星频率资源。

（八）法律、行政法规规定的开展有关业务应当具备的其他条件。

建立涉及电信业务经营的卫星通信网的，还应当持有相应的电信业务经营许可证。

第六条 建立卫星通信网的，应当符合国家通信网建设的统筹规划，遵守国家建设管理规定。

第七条 申请建立卫星通信网的，应当向工业和信息化部提交书面申请和下列材料：

（一）法人资格证明。

（二）申请单位基本情况说明。

（三）包含本规定附录所列基本资料的技术方案。

（四）可用资金证明材料。

（五）可使用相关卫星频率资源的证明材料。

（六）国家规定的开展有关业务应当提交的其他材料。

申请建立涉及电信业务经营的卫星通信网的，还应当提交相应的电信业务经营许可证复印件。

第八条 申请材料齐全、符合法定形式的，工业和信息化部应当受理，并向申请人出具书面受理通知；申请材料不齐全或者不符合法定形式的，工业和信息化部应当当场或者在 5 个工作日内一次告知申请人需要补正的全部内容；依法不予受理的，应当书面通知申请人。

第九条 工业和信息化部应自受理申请之日起 20 个工作日内作出审批决定。经审查合格的，出具批准建立卫星通信网证明，并书面通知网内地球站所在地的省、自治区、直辖市无线电管理机构。经审查不合格的，书面通知申请人不予批准并说明理由。

第十条 工业和信息化部批准建立卫星通信网时，应当确定其频率使用期限，该期限最长不超过 10 年。频率使用期限届满需要继续使用的，应当在期限届满 30 日前向工业和信息化部提出书面申请，由工业和信息化部在期限届满前作出是否准予继续使用的决定，并书面通知申请人。

第十一条 获准建立卫星通信网的，应当自批准之日起一年内将该卫星通信网投入使用。

不能在前款规定的期限内启用的，应当在该期限届满 30 日前书面告知工业和信息化部，说明理由和启用日期。

终止运行卫星通信网的，应当提前 30 日向工业和信息化部申请办理注销手续。

获准建立卫星通信网的法人或者其他组织依法终止的，工业和信息化部应当注销对其建立卫星通信网的批准，并书面通知网内地球站所在地的省、自治区、直辖市无线电管理机构。

第十二条 需要变更卫星通信网使用的卫星、频率、极化、传输带宽或者通信覆盖范围的，应当提前 30 日向工业和信息化部提出书面申请，并取得批准。

未经批准，不得改变卫星通信网使用的卫星、频率、极化、传输带宽或者通信覆盖范围。

获准建立卫星通信网的单位变更名称、法定代表人或者注册住所的，应当自变更发生之日起 30 日内向工业和信息化部备案。

第十三条 获准建立卫星通信网的单位与卫星转发器经营者签署的转发器租赁协议，以及涉及租赁卫星、频率、极化、带宽和有效期变更的补充修改协议，应当自签署之日起 30 日内向工业和信息化部备案。

第十四条 获准建立卫星通信网的单位设置网内地球站，应当按照本规定办理地球站设置审批手续并领取无线电台执照；由用户设置网内地球站的，获准建立卫星通信网的单位应当协助用户办理地球站设置审批手续。

获准建立卫星通信网的单位不得向未办理地球站设置审批手续的用户提供卫星信道，但是根据本规定第四条第二款的规定可以不办理审批手续的单收地球站除外。

第十五条　获准建立卫星通信网的单位应当在每年一月三十一日前向工业和信息化部书面报送上年度卫星通信网建设和运行的材料，包括：

（一）开通业务的城市或地区、业务种类。

（二）卫星频率资源使用情况，包括空间电台的名称和轨道经度、实际使用带宽、上下行频率范围和极化。

（三）网内用户名单、双向和发射地球站数量、单收地球站数量。

（四）已领取无线电台执照的地球站数量。

（五）工业和信息化部要求报送的其他材料。

上述材料应当同时送地球站所在地的省、自治区、直辖市无线电管理机构备案。

第十六条　获准建立卫星通信网的单位应当接受无线电管理机构的监督检查，配合无线电管理机构对网内地球站进行管理。

第三章　设置使用地球站

第十七条　设置使用下列地球站，应当经工业和信息化部审查批准：

（一）中央国家机关及其在京直属单位在北京地区设置使用的地球站。

（二）与国外或者港澳台地区通信的地球站。

（三）涉及与境外电台协调的地球站。

（四）各类空间无线电通信业务的馈线链路地球站、关口站或者测控站。

设置使用前款规定之外的地球站，由地球站所在地的省、自治区、直辖市无线电管理机构审查批准。

在北京以外的省、自治区、直辖市辖区内设置使用第一款第（二）项、第（三）项、第（四）项所列地球站的，工业和信息化部委托省、自治区、直辖市无线电管理机构负责对站址和电磁兼容情况进行初步审查，报工业和信息化部批准。

第十八条 设置国际通信地球站的，应当按照有关规定向工业和信息化部申请办理国际通信出入口审批手续。

第十九条 地球站的技术特性、站址选择应当符合国家规定的标准和有关规定。

在城市市区的限制区域内设置使用的发射地球站，其天线直径不应超过4.5米，实际发射功率不应超过20瓦。

设置地球站所使用的发射设备，应当通过国家无线电发射设备型号核准。

第二十条 申请设置使用属于某个卫星通信网的地球站的，应当按照本规定第十七条的规定，向工业和信息化部或者地球站所在地的省、自治区、直辖市无线电管理机构提交书面申请和下列材料：

（一）设置无线电台（站）申请表。

（二）地球站技术资料申报表。

（三）地球站站址电磁环境测试报告。

设置天线直径不超过4.5米的地球站，站址周围视距传播范围内不存在其他同频段无线电台的，可以不提交地球站站址电磁环境测试报告。

第二十一条 申请设置使用不属于某个卫星通信网的地球站的，除本规定第二十条所列申请材料外，还应当提交下列材料：

（一）法人资格证明。

（二）卫星传输链路计算材料。

（三）可使用相关卫星频率资源的证明材料。

（四）国家规定的开展有关业务所需提供的其他材料。

申请设置涉及电信业务经营的地球站的，还应当提交相应的电信业务经营许可证复印件。

第二十二条 申请材料齐全、符合法定形式的，工业和信息化部或者省、自治区、直辖市无线电管理机构应当受理，并向申请人出具书面受理通知；申请材料不齐全或者不符合法定形式的，应当当场或者在5个工作日内一次告知申请人需要补正的全部内容；依法不予受理的，应当书面通知申请人。

第二十三条 设置使用属于某个卫星通信网的地球站，应当符合下列条件：

（一）地球站所属卫星通信网已获得批准。

（二）所使用的空间电台、频率和极化与所属卫星通信网获得的批准文件一致。

（三）地球站的技术特性、站址选择符合本规定的相关要求。

（四）地球站与周围已建或者已受理申请的同频段其他无线电台之间不会相互产生有害干扰。

第二十四条 设置使用不属于某个卫星通信网的地球站，除应当符合本规定第二十三条第（三）项、第（四）项规定的条件外，还应当符合下列条件：

（一）拟使用的国内空间电台经工业和信息化部批准，并取得空间电台执照。

（二）拟使用的国外空间电台已完成与我国相关卫星网络空间电台和地面电台的频率协调，其技术特性符合双方主管部门之间达成的协议的要求。

（三）无线电频率的使用符合国家无线电频率划分、规划和有关管理规定。

（四）拟使用的卫星频率资源由合法经营者提供。

（五）法律、行政法规规定的开展有关业务应当具备的其他条件。

第二十五条　除本规定第十七条第三款所列的申请外，工业和信息化部或者省、自治区、直辖市无线电管理机构应当自受理申请之日起20个工作日内作出审批决定。经审查合格的，书面批准申请人设置使用地球站；经审查不合格的，书面通知申请人不予批准并说明理由。

无线电管理机构在审查期间，需要邀请专家进行干扰分析、测试验证的，所需时间不计算在上述期限内，但无线电管理机构应当将所需时间书面告知申请人。

第二十六条　省、自治区、直辖市无线电管理机构根据本规定第十七条第三款受理设置使用地球站申请的，应当自受理申请之日起15个工作日内完成初步审查，并将初审意见和全部申请材料报送工业和信息化部。

工业和信息化部应当自省、自治区、直辖市无线电管理机构受理申请之日起20个工作日内，作出批准或者不予批准的书面决定。

第二十七条　工业和信息化部或者省、自治区、直辖市无线电管理机构批准申请人设置使用不属于某个卫星通信网的地球站的，应当确定其频率使用期限，该期限最长不超过10年。频率使用期限届满需继续使用的，应当在该期限届满30日前向原审批机构提出书面申请，由原审批机构作出是否准予继续使用的决定，并书面通知申请人。

第二十八条　拟建地球站与已建或者已受理申请的同频段其他无线电台之间将产生有害干扰的，工业和信息化部或者省、自治区、直辖市无线电管理机构应当书面通知申请人不予批准，并告知将受其干扰影响者的情况。

申请人可以与将受其干扰影响者直接协商，寻求解决干扰问题的可行方案；或者提请工业和信息化部或者省、自治区、直辖市无线电管理机构组织技术专家和有关单位进行论证和协调。

在完成干扰协调后，申请人可以重新向工业和信息化部或者省、自治区、直辖市无线电管理机构提出设置使用该地球站的申请。

第二十九条 在沿海和与其他国家或者地区相邻的省、自治区、直辖市辖区内设置使用与其他无线电业务共用频段的大、中型地球站，并且该地球站的协调区覆盖其他国家或者地区的，受理申请的省、自治区、直辖市无线电管理机构应当在实质审查合格后，将有关情况书面告知申请人，并按照国际电信联盟《无线电规则》的有关规定，向工业和信息化部报送有关资料和审查意见。

工业和信息化部应当按照《无线电规则》的有关规定或者双边协议，与相关国家或者地区进行协调，协调时间为4至6个月。

在完成有关协调后，工业和信息化部应当作出予以批准或者不予批准的决定，书面通知申请人和受理申请的省、自治区、直辖市无线电管理机构。

第三十条 申请人应当自收到无线电管理机构批准设置使用地球站的文件之日起15日内，到工业和信息化部或者省、自治区、直辖市无线电管理机构办理设置使用无线电台手续，领取无线电台执照。

第三十一条 地球站应当按照核定的项目进行工作。变更地球站站址、频率、极化、发射功率、天线特性或所使用的卫星的，应当提前30日向原审批机构提出书面申请。

未经批准，不得改变地球站的站址、频率、极化、发射特性或所使用的卫星。

第三十二条 停止使用地球站的，应当在停止使用后30日内向原审批机构申请办理注销手续，交回无线电台执照，并采取拆除、封存或者销毁措施保证已停止使用的地球站终止发射信号。

未经批准，任何单位和个人不得重新启用已办理注销手续的地球站。

第三十三条　地球站的无线电台执照持照者应当按规定在指定期限内缴纳年度频率占用费，接受无线电管理机构对其无线电台执照的核验。

第三十四条　临时设置使用地球站的，应当根据本规定第十七条的规定，在启用日期15日前，向工业和信息化部或者省、自治区、直辖市无线电管理机构提交书面申请和相关申请材料。经审查批准后，办理临时设站手续。

临时设置使用的地球站，使用期限不超过6个月。

第四章　罚　则

第三十五条　违反本规定第三条第二款、第四条第一款、第三十二条第二款规定的，由工业和信息化部或者省、自治区、直辖市无线电管理机构依据职责责令改正，并按照《中华人民共和国无线电管理条例》等行政法规的规定给予处罚。

第三十六条　违反本规定第十二条第二款、第三十一条第二款规定的，由工业和信息化部或者省、自治区、直辖市无线电管理机构责令限期改正；逾期不改的，按照《中华人民共和国无线电管理条例》等行政法规的规定给予处罚。

第三十七条　违反本规定第十四条第二款规定的，由工业和信息化部或者省、自治区、直辖市无线电管理机构依据职责责令限期改正，处5000元以上3万元以下的罚款。

第五章　附　则

第三十八条　外国领导人访华、各国驻中华人民共和国使领馆和享有外交特权与豁免的国际组织驻中华人民共和国代表机构设置使用地球站，应当通过外交途径向工业和信息化部提出申请。

第三十九条 卫星移动业务涉及的终端地球站的使用管理规定，由工业和信息化部另行制定。

第四十条 本规定自 2009 年 4 月 10 日起施行。2002 年 6 月 21 日公布的《建立卫星通信网和设置使用地球站管理规定》（中华人民共和国信息产业部令第 21 号）同时废止。

附录：卫星通信网技术方案应包含的基本资料（略）

卫星移动通信系统终端地球站管理办法

中华人民共和国工业和信息化部令

第 19 号

《卫星移动通信系统终端地球站管理办法》已经 2011 年 3 月 23 日中华人民共和国工业和信息化部第 17 次部务会议审议通过，现予公布，自 2011 年 6 月 1 日起施行。

工业和信息化部部长
二〇一一年四月二十一日

第一条　为了规范卫星移动通信系统终端地球站的设置使用，避免和减少卫星移动通信系统之间、卫星移动通信系统与其他无线电业务系统之间的干扰，根据《中华人民共和国无线电管理条例》，制定本办法。

第二条　在中华人民共和国境内设置使用卫星移动通信系统终端地球站，适用本办法。

本办法所称卫星移动通信系统终端地球站（以下简称"移动地球站"），是指使用卫星移动业务频率的卫星移动通信系统中民用的船载终端、航空器载终端、车载终端、固定终端、便携式终端和手持机。

第三条　设置使用移动地球站的，应当使用中华人民共和国工业和信息化部（以下简称"工业和信息化部"）批准的卫星移动通信系统或者卫星移动业务频率，通过工业和信息化部批准的境内关口地球站进行通信，并通过国家批准的在境内经营卫星移动通信业务的服务提供者（以下简称"境内经营者"）办理入网手续。但是，本办法另有规定的除外。

第四条 设置使用卫星移动通信系统车载终端、固定终端、便携式终端和手持机（以下统称"陆地移动地球站"）的，应当按照本办法的规定向无线电管理机构申请办理无线电台注册登记手续，领取电台执照。

在具有中华人民共和国国籍的船舶或者航空器上设置使用卫星移动通信系统船载终端、航空器载终端的，应当按照《中华人民共和国无线电管理条例》的规定办理设置使用无线电台手续，领取电台执照。

第五条 工业和信息化部委托省、自治区、直辖市无线电管理机构负责受理陆地移动地球站无线电台注册登记手续的申请，核发电台执照。

第六条 陆地移动地球站的设置使用人可以自行办理无线电台注册登记手续，也可以委托为其办理入网手续的境内经营者代办。

第七条 陆地移动地球站的设置使用人或者其代理人应当向设置使用人住所地的省、自治区、直辖市无线电管理机构申请办理无线电台注册登记手续，领取电台执照。

申请办理无线电台注册登记手续，应当提交下列材料：

（一）《移动地球站注册登记申请表》（附录一）；

（二）单位证明或者个人身份证明材料的原件、复印件或者扫描件；

（三）已办理相关卫星移动通信系统入网手续的证明材料的原件、复印件或者扫描件。

受理单位在验证前款第二项、第三项材料的真实性后应当及时将原件退还申请人。

申请人可以通过受理单位指定的信息系统,进行网上申请。

第八条 申请材料不全、不符合法定形式的,无线电管理机构应当当场或者在五个工作日内一次告知申请人需要补正的全部内容。

申请材料齐全、符合法定形式和本办法规定的,无线电管理机构应当当场或者在二十个工作日内核发电台执照;不符合规定条件的,应当书面通知申请人不予核发电台执照并说明理由。

第九条 变更已领取电台执照的陆地移动地球站的设备或者使用人的,应当按照本办法的规定重新办理无线电台注册登记手续,换发电台执照。

停止使用已领取电台执照的陆地移动地球站的,应当到原发照机构办理注销手续,交回电台执照,并告知设备处理情况。

第十条 无线电管理机构应当自核发、换发或者注销电台执照之日起三十日内,将相关陆地移动地球站的有关资料和电台执照编号录入工业和信息化部的无线电管理相关数据库。

第十一条 境内经营者入网开通各种类型或者型号的陆地移动地球站设备,应当提前四十五日填写《移动地球站技术资料备案表》(附录二),报工业和信息化部备案。

资料齐备、真实的,工业和信息化部应当在相关设备入网使用前将上述陆地移动地球站技术资料录入工业和信息化部无线电管理相关数据库,并通知各省、自治区、直辖市无线电管理机构。

第十二条 境内经营者为陆地移动地球站设置使用人办理入网手续,应当告知其需按照本办法的规定办理无线电台注册登记手续,领取电台执照。

第十三条 境内经营者应当按照工业和信息化部的要求报送系

统中移动地球站的有关资料，配合无线电管理机构对系统中移动地球站进行的监督管理。

第十四条 应对突发事件、危及人民生命财产安全等紧急情况的，可以临时设置使用未取得电台执照的陆地移动地球站，但是应当及时向临时设置使用地的省、自治区、直辖市无线电管理机构报告。紧急情况解除后需要继续使用的，应当按照本办法的规定办理无线电台注册登记手续，领取电台执照。

第十五条 临时设置使用移动地球站，涉及使用未经批准的卫星移动通信系统或者卫星移动业务频率的，应当向工业和信息化部提出申请。经审查批准、领取电台执照后方可设置使用，使用期限不得超过六个月。

第十六条 境外短期来华的团体和个人拟临时入境使用已在境外办理入网手续的陆地移动地球站的，由国内接待单位或者对口的业务主管部门向工业和信息化部提交书面申请、使用人身份证明材料和相关技术材料。经审查批准、领取电台执照后方可在境内设置使用，使用期限不得超过六个月。

第十七条 外国船载、航空器载移动地球站需要在我国境内使用的，其使用的频率应当经工业和信息化部批准，并遵守中华人民共和国缔结或者参加的国际条约和中华人民共和国的法律规定。

第十八条 移动地球站的设置使用人，应当接受无线电管理机构对其使用的设备和无线电台执照的核验和监督检查。

第十九条 违反本办法第三条、第十五条、第十六条规定，擅自设置使用陆地移动地球站的，按照《中华人民共和国无线电管理条例》第四十三条的规定处罚。

第二十条 违反本办法第四条第一款、第九条第一款规定的，由有关省、自治区、直辖市无线电管理机构责令限期改正；逾期不改的,按照《中华人民共和国无线电管理条例》第四十三条的规定处罚。

第二十一条 各国驻中华人民共和国使(领)馆和享有外交特权与豁免的国际组织驻中华人民共和国的代表机构设置使用移动地球站、外国领导人访华临时设置使用移动地球站的,应当事先通过外交途径向工业和信息化部提出申请。

第二十二条 本办法自2011年6月1日起施行。

业余无线电台管理办法

中华人民共和国工业和信息化部令

第 22 号

《业余无线电台管理办法》已经 2012 年 10 月 17 日中华人民共和国工业和信息化部第 26 次部务会议审议通过，现予公布，自 2013 年 1 月 1 日起施行。

工业和信息化部部长
2012 年 11 月 5 日

第一章 总 则

第一条 为了加强对业余无线电台的管理，维护空中电波秩序，促进业余无线电活动的有序开展，根据《中华人民共和国无线电管理条例》，制定本办法。

第二条 在中华人民共和国境内设置、使用业余无线电台，对业余无线电台实施监督管理，适用本办法。

本办法所称业余无线电台，是指开展《中华人民共和国无线电频率划分规定》确定的业余业务和卫星业余业务所需的发信机、收信机或者发信机与收信机的组合（包括附属设备）。

第三条　国家无线电管理机构和省、自治区、直辖市无线电管理机构（以下简称地方无线电管理机构）依法对业余无线电台实施监督管理。

国家无线电管理机构和地方无线电管理机构统称无线电管理机构。

第四条　设置业余无线电台，应当按照本办法的规定办理审批手续，取得业余无线电台执照。

国家鼓励和支持业余无线电通信技术的研究、普及和突发重大自然灾害等紧急情况下的应急无线电通信活动。

依法设置的业余无线电台受国家法律保护。

第二章　业余无线电台设置审批

第五条　国家对业余无线电台实施分类管理。

业余无线电台分类管理规定由国家无线电管理机构另行制定。

第六条　申请设置业余无线电台，应当具备下列条件：

（一）熟悉无线电管理规定；

（二）具备国家无线电管理机构规定的操作技术能力；

（三）无线电发射设备符合国家相关技术标准；

（四）法律、行政法规规定的其他条件。

单位申请设置业余无线电台的，其业余无线电台负责人应当具备前款第一项规定的条件，技术负责人应当具备前款第一项和第二项规定的条件。

个人申请设置具有发信功能的业余无线电台的，应当年满十八周岁。

第七条 申请设置业余无线电台,应当向设台地地方无线电管理机构提交下列书面材料:

(一)《业余无线电台设置(变更)申请表》;

(二)《业余无线电台技术资料申报表》;

(三)个人身份证明或者设台单位证明材料的原件、复印件。申请人为单位的,还应当提交其业余无线电台负责人和技术负责人身份证明材料的原件、复印件;

(四)具备相应操作技术能力证明材料的原件、复印件。

地方无线电管理机构在验证前款第三项、第四项规定的证明材料的真实性后,应当及时将原件退还申请人。

第八条 设置在省、自治区、直辖市范围内通信的业余无线电台,由设台地地方无线电管理机构审批。

设置通信范围涉及两个以上的省、自治区、直辖市或者涉及境外的业余无线电台,由国家无线电管理机构审批。国家无线电管理机构可以委托设台地地方无线电管理机构负责除业余信标台、用于卫星业余业务的空间业余无线电台("用于卫星业余业务的空间业余无线电台"以下简称"空间业余无线电台")等特殊业余无线电台以外的业余无线电台的设置审批,核发业余无线电台执照。

第九条 设置空间业余无线电台,应当符合本办法和空间电台管理的相关规定。

第十条 业余中继台的设置和技术参数等应当符合国家以及设台地地方无线电管理机构的规定。

业余中继台应当设专人负责监控和管理工作,配备有效的遥控手段。

第十一条 业余无线电台无线电发射设备应当依法取得《中华人民共和国无线电发射设备型号核准证》。申请人可以使用符合国家相关技术标准的自制、改装、拼装的无线电发射设备办理审批手续。

对业余无线电台专用无线电发射设备进行型号核准，应当以《中华人民共和国无线电频率划分规定》中有关无线电发射设备技术指标的规定为依据。

业余无线电台专用无线电发射设备不得用于其他无线电业务，其发射频率应当在业余业务或者卫星业余业务频段内。

第十二条　申请材料不全、不符合法定形式的，无线电管理机构应当当场或者在五个工作日内一次告知申请人需要补正的全部内容。

申请材料齐全、符合法定形式和本办法规定的，无线电管理机构应当当场或者自受理申请之日起二十个工作日内，核发业余无线电台执照；不符合规定条件的，应当书面通知申请人不予核发业余无线电台执照并说明理由。

第十三条　业余无线电台执照由国家无线电管理机构统一印制。

业余无线电台执照的有效期不超过五年。业余无线电台执照有效期届满后需要继续使用的，应当在有效期届满前三十日以前向核发执照的无线电管理机构申请办理延续手续。

第十四条　业余无线电台执照应当载明所核定的技术参数和发射设备等信息；单位设置业余无线电台的，其执照还应当载明业余无线电台负责人和技术负责人。

业余无线电台的技术参数不得超出其业余无线电台执照所核定的范围。需要变更业余无线电台执照核定内容的，应当向核发执照的无线电管理机构申请办理变更手续，换发业余无线电台执照。

第十五条　终止使用业余无线电台的，应当向核发业余无线电台执照的无线电管理机构申请注销执照。

第十六条 禁止涂改、仿制、伪造、倒卖、出租或者出借业余无线电台执照。

第十七条 根据国家无线电管理机构的委托核发业余无线电台执照的地方无线电管理机构，应当自核发、换发、注销执照之日起二十个工作日内，将相关情况报国家无线电管理机构。

第三章 业余无线电台使用

第十八条 使用业余无线电台，应当具备下列条件：
（一）熟悉无线电管理规定；
（二）具备国家无线电管理机构规定的操作技术能力，取得相应操作技术能力证明。

第十九条 业余无线电台使用的频率应当符合《中华人民共和国无线电频率划分规定》。

业余业务、卫星业余业务作为次要业务使用频率或者与其他主要业务共同使用频率的，应当遵守无线电管理机构对该频率的使用规定。

业余无线电台在无线电管理机构核准其使用的频段内，享有平等的频率使用权。

国家对业余无线电台免收无线电频率占用费。

第二十条 业余无线电台的通信对象应当限于业余无线电台。在突发重大自然灾害等紧急情况下，业余无线电台可以和非业余无线电台通信，但应当及时向所在地地方无线电管理机构报告，其通信内容应当限于与抢险救灾直接相关的紧急事务或者应急救援相关部门交办的任务。

第二十一条 未经所在地地方无线电管理机构批准，业余无线电台不得以任何方式进行广播或者发射通播性质的信号。

第二十二条 业余无线电台在通信过程中应当使用明语及业余无线电领域公认的缩略语和简语，数据文件交换应当使用公开的方式。但是，卫星业余业务中地面控制电台和空间电台之间交换的控制信号可以除外。

业余无线电台试验新的编码、调制方式和数字通信协议等，应当事先公开并向所在地地方无线电管理机构提交相关技术信息。

第二十三条 业余无线电台设置人应当对无线电发射设备进行有效监控，确保正常工作，保证能够及时停止其造成的有害干扰。

第二十四条 业余中继台应当向其覆盖区域内的所有业余无线电台提供平等的服务，并将使用业余中继台所需的各项技术参数公开。

第二十五条 依法设置的通信范围涉及两个以上的省、自治区、直辖市或者涉及境外的业余无线电台，可以在设台地以外的地点进行异地发射操作，但应当遵守所在地地方无线电管理机构的相关规定。

第二十六条 在业余无线电台操作培训中，已接受无线电管理规定等培训的人员，可以在业余无线电台设置人或者技术负责人的现场辅导下，在业余无线电台执照核定范围和国家有关业余无线电台操作权限规定确定的范围内，进行发射操作实习。

第二十七条 业余无线电台通信不得发送、接收与业余业务和卫星业余业务无关的信号，不得传播、公布无意接收的非业余业务和卫星业余业务的信息。

第二十八条 业余无线电台供其设置人、使用人用于相互通信、技术研究和自我训练。

禁止利用业余无线电台从事下列活动：

（一）发布、传播违反法律或者公共道德的信息；

（二）从事商业或者其他与营利有关的活动；

（三）阻碍其他无线电台通信；

（四）法律、行政法规禁止的其他活动。

第二十九条　业余无线电台设置人、使用人应当加强自律，接受无线电管理机构或者其委托单位的指导、监督和检查。

第三十条　业余无线电台的通信时间、通信频率、通信模式和通信对象等内容应当记入电台日志。

电台日志应当保留两年，供无线电管理机构检查。

第四章　业余无线电台呼号

第三十一条　业余无线电台设置人、使用人应当正确使用业余无线电台呼号。

第三十二条　业余无线电台呼号由国家无线电管理机构编制和分配。

无线电管理机构核发业余无线电台执照，应当同时指配业余无线电台呼号。业余信标台和空间业余无线电台等特殊业余无线电台呼号由国家无线电管理机构指配，其他业余无线电台呼号由地方无线电管理机构指配。

核发业余无线电台执照的无线电管理机构已经为设置人指配业余无线电台呼号的，不另行为其指配其他业余无线电台呼号。

第三十三条　业余无线电台在每次通信建立及结束时，应当主动发送本台呼号；在发信过程中应当至少每十分钟发送本台呼号一次。

业余中继台应当周期性发送本台呼号，两次发送的时间间隔不得超过十分钟。

第三十四条　在他人设置的业余无线电台上进行发射操作或者由国家无线电管理机构审批的业余无线电台在设台地以外的地点进

行异地发射操作的，应当按照本办法所附《业余无线电台呼号说明》的规定使用业余无线电台呼号。

第三十五条 禁止盗用、转让、私自编制或者违法使用业余无线电台呼号。

第三十六条 无线电管理机构依法注销业余无线电台执照的，应当同时注销业余无线电台呼号。业余无线电台呼号在注销五年后可以另行指配。

业余无线电台执照被依法注销后一年内，设置人又申请设置业余无线电台的，无线电管理机构应当指配原业余无线电台呼号。

业余无线电台执照被依法注销后一年内，设置人在其他省、自治区、直辖市申请设置业余无线电台的，可以申请使用原业余无线电台呼号，但应当事先征得指配原业余无线电台呼号的无线电管理机构的书面同意。设置人应当在取得业余无线电台执照后一个月内，向指配原业余无线电台呼号的无线电管理机构备案。

第五章 监督检查

第三十七条 无线电管理机构应当对业余无线电台实施监督检查。业余无线电台设置人、使用人应当配合。

第三十八条 有下列情形之一的，核发业余无线电台执照的无线电管理机构或者其上级无线电管理机构可以撤销执照：

（一）对不具备申请资格或者不符合申请条件的申请人核发执照的；

（二）以欺骗、贿赂等不正当手段取得执照的；

（三）依法可以撤销执照的其他情形。

第三十九条 有下列情形之一的，核发业余无线电台执照的无线电管理机构应当注销执照：

(一) 设置业余无线电台的个人死亡或者丧失行为能力的;

(二) 业余无线电台执照有效期届满未延续的;

(三) 设置业余无线电台的单位依法终止的;

(四) 业余无线电台执照依法被撤销、吊销的。

第六章 法律责任

第四十条 有下列行为之一的,由无线电管理机构依照《中华人民共和国无线电管理条例》第四十三条的规定处罚:

(一) 擅自设置、使用业余无线电台的;

(二) 干扰无线电业务的;

(三) 随意变更核定项目,发送和接收与业余业务和卫星业余业务无关的信号的。

第四十一条 有下列情形之一的,无线电管理机构应当依据职权责令限期改正,可以处警告或者三万元以下的罚款:

(一) 涂改、仿制、伪造业余无线电台执照,或者倒卖、出租、出借及以其他形式非法转让业余无线电台执照的;

(二) 盗用、出租、出借、转让、私自编制或者违法使用业余无线电台呼号的;

(三) 违法使用业余无线电台造成严重后果的;

(四) 以不正当手段取得业余无线电台执照的;

(五) 不再具备设置或者使用业余无线电台条件而继续使用业余无线电台的;

(六) 向负责监督检查的无线电管理机构隐瞒有关情况、提供虚假材料或者拒绝提供反映其活动情况的真实材料的;

(七) 超出核定范围使用频率或者有其他违反频率管理有关规定的行为的。

第七章 附 则

第四十二条 中华人民共和国境外的组织或者个人在境内设置、使用业余无线电台，其所在的国家或者地区与中华人民共和国签订相关协议的，按照协议办理；未签订相关协议的，按照本办法的规定办理。

第四十三条 本办法自2013年1月1日起施行。本办法施行前颁布的有关规定与本办法不一致的，按照本办法执行。

附录：1. 业余无线电台设置（变更）申请表（略）
2. 业余无线电台技术资料申报表（略）
3. 业余无线电台呼号说明（略）

附 录

业余无线电台呼号管理办法

信息产业部关于发布《业余无线电台呼号管理办法》的通知

信部无〔2007〕223号

为了加强对业余无线电台的管理,进一步规范业余无线电台呼号的使用,保障业余无线电爱好者的合法权益,维护空中电波秩序,根据我国的实际情况,制定《业余无线电台呼号管理办法》。现予发布,自即日起施行。

信息产业部
二〇〇七年四月二十七日

第一条 为了加强对业余无线电台(以下简称业余电台)的管理,进一步规范业余电台呼号的使用,保障业余无线电爱好者的合法权益,维护空中电波秩序,根据《中华人民共和国无线电管理条例》,制定本办法。

第二条 中华人民共和国境内(不包括港澳台地区)业余电台呼号的申请、分配、指配、使用、撤销等相关管理,应当遵守本办法。

第三条 业余电台呼号是识别业余电台的重要标志。所有业余电台发信台，均应持有由无线电管理机构指配的业余电台呼号。

第四条 业余电台呼号由信息产业部无线电管理局统一规划和分配，并由信息产业部无线电管理局及各省（自治区、直辖市）无线电管理机构进行指配。

外籍及香港、澳门、台湾地区人员拟申请在中国内地设置业余电台的，由信息产业部无线电管理局负责审批，指配业余电台呼号。

第五条 供爱好者日常训练、试验、交流等活动使用的业余电台呼号由四部分组成。第一部分为代表国家的字母前缀，由"B"表示；第二部分为电台性质或操作等级代号，由一位英文字母表示（具体表示方法见附件一）；第三部分为我国业余电台分区（卫星业余业务列在第一区），即电台所处分区的分区号，由一位阿拉伯数字表示（具体分区见附件二）；第四部分为后缀，以区分不同的业余电台。收信台后缀由四到五位阿拉伯数字表示，联络台及其它发信台后缀由二到四位英文字母及数字的组合表示，且最后一位为英文字母（具体分配见附件三）。

第六条 参加国际比赛的业余电台在比赛过程中使用的比赛专用呼号，可以省略第五条所述的第二部分，后缀由一到四位英文字母表示。比赛专用呼号仅用于国际比赛，由信息产业部无线电管理局负责指配。

第七条 除空间或遥控指令电台外的业余电台，在其每次通信建立及结束时，应主动报出本台的完整呼号，发射过程中至少每隔十分钟报本台完整呼号一次。

第八条 设置业余电台的无线电爱好者，在其取得新的操作等级后，应向颁发原电台执照的无线电管理机构办理相关变更手续，撤销原呼号。

撤销的呼号五年后可再次进行指配。

第九条 业余电台经信息产业部无线电管理局或操作目的地的省（自治区、直辖市）无线电管理机构批准后，在其执照规定设台地址以外的省（自治区、直辖市）进行临时发射操作时，应该使用原业余电台呼号加"/"，以及操作目的地所在的业余电台分区的分区号。

第十条 设置业余电台的无线电爱好者迁移至其它地区并停用业余电台的，应向颁发原电台执照的无线电管理机构申请办理电台撤销手续。如需在新定居地继续设置使用业余电台的，可持相关资料到新定居地所属各省（自治区、直辖市）无线电管理机构办理相关设台手续。

第十一条 业余电台停止使用的，应到颁发其电台执照的无线电管理机构办理电台撤销手续，业余电台被撤销的同时，其电台呼号也一并撤销。

有下列情形的，其业余电台呼号自动失效：

（一）电台执照持有人死亡或丧失行为能力的；

（二）设置集体业余电台的组织或其法人依法被终止的；

（三）电台操作证书或所持有的相关电台执照被依法撤销或过期失效的；

（四）因不可抗力导致批准的业余电台无法实施的；

（五）有本办法禁止之行为的；

（六）法律、法规规定的应当撤销行政许可的其它情形。

第十二条 禁止私自编制、盗用、转让和借用呼号等行为。

第十三条 凡违反本办法的，按《中华人民共和国无线电管理条例》及其它相关规定进行处罚。

第十四条 其它规定中，涉及业余电台管理内容的部分与本办法相抵触的，以本办法为准。

第十五条 本办法由信息产业部无线电管理局负责解释。

第十六条 本办法自发布之日起实施。

附件一、业余电台性质或操作等级代号一览表（略）

附件二、业余电台分区表（略）

附件三、各省、自治区、直辖市业余电台呼号后缀分配表（略）

广播电视管理条例

中华人民共和国国务院令

第 676 号

现公布《国务院关于修改和废止部分行政法规的决定》,自公布之日起施行。

总理 李克强

2017 年 3 月 1 日

(1997 年 8 月 11 日中华人民共和国国务院令第 228 号发布;根据 2013 年 12 月 7 日《国务院关于修改部分行政法规的决定》第一次修订;根据 2017 年 3 月 1 日《国务院关于修改和废止部分行政法规的决定》第二次修订)

第一章 总 则

第一条 为了加强广播电视管理,发展广播电视事业,促进社会主义精神文明和物质文明建设,制定本条例。

第二条 本条例适用于在中华人民共和国境内设立广播电台、电视台和采编、制作、播放、传输广播电视节目等活动。

第三条 广播电视事业应当坚持为人民服务、为社会主义服务的方向，坚持正确的舆论导向。

第四条 国家发展广播电视事业。县级以上人民政府应当将广播电视事业纳入国民经济和社会发展规划，并根据需要和财力逐步增加投入，提高广播电视覆盖率。

国家支持农村广播电视事业的发展。

国家扶持民族自治地方和边远贫困地区发展广播电视事业。

第五条 国务院广播电视行政部门负责全国的广播电视管理工作。

县级以上地方人民政府负责广播电视行政管理工作的部门或者机构（以下统称广播电视行政部门）负责本行政区域内的广播电视管理工作。

第六条 全国性广播电视行业的社会团体按照其章程，实行自律管理，并在国务院广播电视行政部门的指导下开展活动。

第七条 国家对为广播电视事业发展做出显著贡献的单位和个人，给予奖励。

第二章　广播电台和电视台

第八条 国务院广播电视行政部门负责制定全国广播电台、电视台的设立规划，确定广播电台、电视台的总量、布局和结构。

本条例所称广播电台、电视台是指采编、制作并通过有线或者无线的方式播放广播电视节目的机构。

第九条 设立广播电台、电视台，应当具备下列条件：

（一）有符合国家规定的广播电视专业人员；

（二）有符合国家规定的广播电视技术设备；

（三）有必要的基本建设资金和稳定的资金保障；

（四）有必要的场所。

审批设立广播电台、电视台，除依照前款所列条件外，还应当符合国家的广播电视建设规划和技术发展规划。

第十条 广播电台、电视台由县、不设区的市以上人民政府广播电视行政部门设立，其中教育电视台可以由设区的市、自治州以上人民政府教育行政部门设立。其他任何单位和个人不得设立广播电台、电视台。

国家禁止设立外资经营、中外合资经营和中外合作经营的广播电台、电视台。

第十一条 中央的广播电台、电视台由国务院广播电视行政部门设立。地方设立广播电台、电视台的，由县、不设区的市以上地方人民政府广播电视行政部门提出申请，本级人民政府审查同意后，逐级上报，经国务院广播电视行政部门审查批准后，方可筹建。

中央的教育电视台由国务院教育行政部门设立，报国务院广播电视行政部门审查批准。地方设立教育电视台的，由设区的市、自治州以上地方人民政府教育行政部门提出申请，征得同级广播电视行政部门同意并经本级人民政府审查同意后，逐级上报，经国务院教育行政部门审核，由国务院广播电视行政部门审查批准后，方可筹建。

第十二条 经批准筹建的广播电台、电视台，应当按照国家规定的建设程序和广播电视技术标准进行工程建设。

建成的广播电台、电视台，经国务院广播电视行政部门审查符合条件的，发给广播电台、电视台许可证。广播电台、电视台应当按照许可证载明的台名、台标、节目设置范围和节目套数等事项制作、播放节目。

第十三条 广播电台、电视台变更台名、节目设置范围或者节目套数，省级以上人民政府广播电视行政部门设立的广播电台、电视台或者省级以上人民政府教育行政部门设立的电视台变更台标的，应当经国务院广播电视行政部门批准。

广播电台、电视台不得出租、转让播出时段。

第十四条 广播电台、电视台终止，应当按照原审批程序申报，其许可证由国务院广播电视行政部门收回。

广播电台、电视台因特殊情况需要暂时停止播出的，应当经省级以上人民政府广播电视行政部门同意；未经批准，连续停止播出超过30日的，视为终止，应当依照前款规定办理有关手续。

第十五条 乡、镇设立广播电视站的，由所在地县级以上人民政府广播电视行政部门负责审核，并按照国务院广播电视行政部门的有关规定审批。

机关、部队、团体、企业事业单位设立有线广播电视站的，按照国务院有关规定审批。

第十六条 任何单位和个人不得冲击广播电台、电视台，不得损坏广播电台、电视台的设施，不得危害其安全播出。

第三章 广播电视传输覆盖网

第十七条 国务院广播电视行政部门应当对全国广播电视传输覆盖网按照国家的统一标准实行统一规划，并实行分级建设和开发。县级以上地方人民政府广播电视行政部门应当按照国家有关规定，组建和管理本行政区域内的广播电视传输覆盖网。

组建广播电视传输覆盖网，包括充分利用国家现有的公用通信等各种网络资源，应当确保广播电视节目传输质量和畅通。

本条例所称广播电视传输覆盖网，由广播电视发射台、转播台（包括差转台、收转台，下同）、广播电视卫星、卫星上行站、卫星收转站、微波站、监测台（站）及有线广播电视传输覆盖网等构成。

第十八条 国务院广播电视行政部门负责指配广播电视专用频段的频率，并核发频率专用指配证明。

第十九条 设立广播电视发射台、转播台、微波站、卫星上行站，应当按照国家有关规定，持国务院广播电视行政部门核发的频率专用指配证明，向国家的或者省、自治区、直辖市的无线电管理机构办理审批手续，领取无线电台执照。

第二十条 广播电视发射台、转播台应当按照国务院广播电视行政部门的有关规定发射、转播广播电视节目。

广播电视发射台、转播台经核准使用的频率、频段不得出租、转让，已经批准的各项技术参数不得擅自变更。

第二十一条 广播电视发射台、转播台不得擅自播放自办节目和插播广告。

第二十二条 广播电视传输覆盖网的工程选址、设计、施工、安装，应当按照国家有关规定办理，并由依法取得相应资格证书的单位承担。

广播电视传输覆盖网的工程建设和使用的广播电视技术设备，应当符合国家标准、行业标准。工程竣工后，由广播电视行政部门组织验收，验收合格的，方可投入使用。

第二十三条 区域性有线广播电视传输覆盖网，由县级以上地方人民政府广播电视行政部门设立和管理。

区域性有线广播电视传输覆盖网的规划、建设方案，由县级人民政府或者设区的市、自治州人民政府的广播电视行政部门报省、自治区、直辖市人民政府广播电视行政部门批准后实施，或者由省、自治区、直辖市人民政府广播电视行政部门报国务院广播电视行政部门批准后实施。

同一行政区域只能设立一个区域性有线广播电视传输覆盖网。有线电视站应当按照规划与区域性有线电视传输覆盖网联网。

第二十四条 未经批准，任何单位和个人不得擅自利用有线广播电视传输覆盖网播放节目。

第二十五条 传输广播电视节目的卫星空间段资源的管理和使用，应当符合国家有关规定。

广播电台、电视台利用卫星方式传输广播电视节目，应当符合国家规定的条件，并经国务院广播电视行政部门审核批准。

第二十六条 安装和使用卫星广播电视地面接收设施，应当按照国家有关规定向省、自治区、直辖市人民政府广播电视行政部门申领许可证。进口境外卫星广播电视节目解码器、解压器及其他卫星广播电视地面接收设施，应当经国务院广播电视行政部门审查同意。

第二十七条 禁止任何单位和个人侵占、哄抢或者以其他方式破坏广播电视传输覆盖网的设施。

第二十八条 任何单位和个人不得侵占、干扰广播电视专用频率，不得擅自截传、干扰、解扰广播电视信号。

第二十九条 县级以上人民政府广播电视行政部门应当采取卫星传送、无线转播、有线广播、有线电视等多种方式，提高农村广播电视覆盖率。

第四章 广播电视节目

第三十条 广播电台、电视台应当按照国务院广播电视行政部门批准的节目设置范围开办节目。

第三十一条 广播电视节目由广播电台、电视台和省级以上人民政府广播电视行政部门批准设立的广播电视节目制作经营单位制作。广播电台、电视台不得播放未取得广播电视节目制作经营许可的单位制作的广播电视节目。

第三十二条 广播电台、电视台应当提高广播电视节目质量,增加国产优秀节目数量,禁止制作、播放载有下列内容的节目:

(一)危害国家的统一、主权和领土完整的;

(二)危害国家的安全、荣誉和利益的;

(三)煽动民族分裂,破坏民族团结的;

(四)泄露国家秘密的;

(五)诽谤、侮辱他人的;

(六)宣扬淫秽、迷信或者渲染暴力的;

(七)法律、行政法规规定禁止的其他内容。

第三十三条 广播电台、电视台对其播放的广播电视节目内容,应当依照本条例第三十二条的规定进行播前审查,重播重审。

第三十四条 广播电视新闻应当真实、公正。

第三十五条 设立电视剧制作单位,应当经国务院广播电视行政部门批准,取得电视剧制作许可证后,方可制作电视剧。

电视剧的制作和播出管理办法,由国务院广播电视行政部门规定。

第三十六条 广播电台、电视台应当使用规范的语言文字。

广播电台、电视台应当推广全国通用的普通话。

第三十七条 地方广播电台、电视台或者广播电视站,应当按照国务院广播电视行政部门的有关规定转播广播电视节目。

乡、镇设立的广播电视站不得自办电视节目。

第三十八条 广播电台、电视台应当按照节目预告播放广播电视节目;确需更换、调整原预告节目的,应当提前向公众告示。

第三十九条　用于广播电台、电视台播放的境外电影、电视剧，必须经国务院广播电视行政部门审查批准。用于广播电台、电视台播放的境外其他广播电视节目，必须经国务院广播电视行政部门或者其授权的机构审查批准。

向境外提供的广播电视节目，应当按照国家有关规定向省级以上人民政府广播电视行政部门备案。

第四十条　广播电台、电视台播放境外广播电视节目的时间与广播电视节目总播放时间的比例，由国务院广播电视行政部门规定。

第四十一条　广播电台、电视台以卫星等传输方式进口、转播境外广播电视节目，必须经国务院广播电视行政部门批准。

第四十二条　广播电台、电视台播放广告，不得超过国务院广播电视行政部门规定的时间。

广播电台、电视台应当播放公益性广告。

第四十三条　国务院广播电视行政部门在特殊情况下，可以作出停止播出、更换特定节目或者指定转播特定节目的决定。

第四十四条　教育电视台应当按照国家有关规定播放各类教育教学节目，不得播放与教学内容无关的电影、电视片。

第四十五条　举办国际性广播电视节目交流、交易活动，应当经国务院广播电视行政部门批准，并由指定的单位承办。举办国内区域性广播电视节目交流、交易活动，应当经举办地的省、自治区、直辖市人民政府广播电视行政部门批准，并由指定的单位承办。

第四十六条　对享有著作权的广播电视节目的播放和使用，依照《中华人民共和国著作权法》的规定办理。

第五章　罚　则

第四十七条　违反本条例规定，擅自设立广播电台、电视台、教育电视台、有线广播电视传输覆盖网、广播电视站的，由县级以上人民政府广播电视行政部门予以取缔，没收其从事违法活动的设备，并处投资总额1倍以上2倍以下的罚款。

擅自设立广播电视发射台、转播台、微波站、卫星上行站的，由县级以上人民政府广播电视行政部门予以取缔，没收其从事违法活动的设备，并处投资总额1倍以上2倍以下的罚款；或者由无线电管理机构依照国家无线电管理的有关规定予以处罚。

第四十八条　违反本条例规定，擅自设立广播电视节目制作经营单位或者擅自制作电视剧及其他广播电视节目的，由县级以上人民政府广播电视行政部门予以取缔，没收其从事违法活动的专用工具、设备和节目载体，并处1万元以上5万元以下的罚款。

第四十九条　违反本条例规定，制作、播放、向境外提供含有本条例第三十二条规定禁止内容的节目的，由县级以上人民政府广播电视行政部门责令停止制作、播放、向境外提供，收缴其节目载体，并处1万元以上5万元以下的罚款；情节严重的，由原批准机关吊销许可证；违反治安管理规定的，由公安机关依法给予治安管理处罚；构成犯罪的，依法追究刑事责任。

第五十条　违反本条例规定，有下列行为之一的，由县级以上人民政府广播电视行政部门责令停止违法活动，给予警告，没收违法所得，可以并处2万元以下的罚款；情节严重的，由原批准机关吊销许可证：

（一）未经批准，擅自变更台名、台标、节目设置范围或者节目套数的；

（二）出租、转让播出时段的；

（三）转播、播放广播电视节目违反规定的；

（四）播放境外广播电视节目或者广告的时间超出规定的；

（五）播放未取得广播电视节目制作经营许可的单位制作的广

播电视节目或者未取得电视剧制作许可的单位制作的电视剧的;

（六）播放未经批准的境外电影、电视剧和其他广播电视节目的;

（七）教育电视台播放本条例第四十四条规定禁止播放的节目的;

（八）未经批准，擅自举办广播电视节目交流、交易活动的。

第五十一条 违反本条例规定，有下列行为之一的，由县级以上人民政府广播电视行政部门责令停止违法活动，给予警告，没收违法所得和从事违法活动的专用工具、设备，可以并处2万元以下的罚款;情节严重的，由原批准机关吊销许可证:

（一）出租、转让频率、频段，擅自变更广播电视发射台、转播台技术参数的;

（二）广播电视发射台、转播台擅自播放自办节目、插播广告的;

（三）未经批准，擅自利用卫星方式传输广播电视节目的;

（四）未经批准，擅自以卫星等传输方式进口、转播境外广播电视节目的;

（五）未经批准，擅自利用有线广播电视传输覆盖网播放节目的;

（六）未经批准，擅自进行广播电视传输覆盖网的工程选址、设计、施工、安装的;

（七）侵占、干扰广播电视专用频率，擅自截传、干扰、解扰广播电视信号的。

第五十二条 违反本条例规定，危害广播电台、电视台安全播出的，破坏广播电视设施的，由县级以上人民政府广播电视行政部门责令停止违法活动;情节严重的，处2万元以上5万元以下的罚款;造成损害的，侵害人应当依法赔偿损失;构成犯罪的，依法追究刑事责任。

第五十三条 广播电视行政部门及其工作人员在广播电视管理工作中滥用职权、玩忽职守、徇私舞弊，构成犯罪的，依法追究刑事责任；尚不构成犯罪的，依法给予行政处分。

第六章 附 则

第五十四条 本条例施行前已经设立的广播电台、电视台、教育电视台、广播电视发射台、转播台、广播电视节目制作经营单位，自本条例施行之日起6个月内，应当依照本条例的规定重新办理审核手续；不符合本条例规定的，予以撤销；已有的县级教育电视台可以与县级电视台合并，开办教育节目频道。

第五十五条 本条例自1997年9月1日起施行。

附 录

广播电视安全播出管理规定

国家广播电影电视总局令

第 62 号

《广播电视安全播出管理规定》经国家广播电影电视总局 2009 年 12 月 4 日局务会议审议通过,现予发布,自 2010 年 2 月 6 日起施行。

国家广播电影电视总局局长
二〇〇九年十二月十六日

第一章 总 则

第一条 为了加强广播电视安全播出管理,保障广播电视信号安全优质播出,维护用户收听收看广播电视的权益,依据《广播电视管理条例》、《广播电视设施保护条例》,制定本规定。

第二条 从事广播电视播出、传输、覆盖等业务的单位(以下简称安全播出责任单位)为保障安全播出开展的技术维护、运行管理、应急处置及其他相关活动,适用本规定。

第三条 国务院广播影视行政部门负责全国广播电视安全播出监督管理工作。

县级以上地方人民政府广播影视行政部门负责本行政区域内的广播电视安全播出监督管理工作。

第四条 广播电视安全播出工作应当坚持不间断、高质量、既经济、又安全的方针。

第五条 任何组织、个人不得实施干扰广播电视信号、危害广播电视安全播出的行为。

第六条 广播电视安全播出实行分类分级保障制度。安全播出责任单位应当符合本规定和国务院广播影视行政部门关于广播电视安全播出的有关要求；不符合的，不得从事广播电视播出、传输、覆盖活动。

第七条 安全播出责任单位应当加强制度建设，采取多种措施保障广播电视安全播出。安全播出责任单位的主要负责人应当对本单位的广播电视安全播出工作全面负责。

第八条 广播影视行政部门、安全播出责任单位建立奖励制度，对在广播电视安全播出工作中做出显著成绩的组织、个人给予表彰、奖励。

第二章 基本保障

第九条 安全播出责任单位应当建立健全安全播出技术维护和运行管理的机构，合理配备工作岗位和人员，并将其他涉及安全播出的部门和人员纳入安全播出管理，落实安全播出责任制。

第十条 安全播出责任单位的安全播出人员管理，应当符合下列规定：

（一）参与节目播出或者技术系统运行维护的人员，应当具有相应的专业技能，并通过岗位培训和考核；

（二）新系统、新设备投入使用前，应当对相关人员进行培训；

（三）特种作业人员应当按照国务院广播影视行政部门的规定

或者其他国家有关规定取得相应资格证书。

第十一条 安全播出责任单位的技术系统配置,应当符合下列规定:

(一)符合国家、行业相关技术规范和国务院广播影视行政部门规定的分级配置要求;

(二)针对播出系统特点采取相应的防范干扰、插播等恶意破坏的技术措施;

(三)采用录音、录像或者保存技术监测信息等方式对本单位播出、传输、发射的节目信号的质量和效果进行记录。记录方式应当符合省、自治区、直辖市以上人民政府广播影视行政部门的有关规定,记录信息应当保存一周以上;

(四)使用依法取得广播电视设备器材入网认定的设备、器材和软件,并建立设备更新机制,提高设备运行可靠性;

(五)省级以上广播电台、电视台、卫星地球站应当配置完整、有效的容灾系统,保证特殊情况下主要节目安全播出。

第十二条 安全播出责任单位应当建立健全技术维护、运行管理等安全播出管理制度。

第十三条 安全播出责任单位应当保障技术系统运行维护、更新改造和安全防范等安全播出所需经费。

第十四条 鼓励开展对广播电视安全播出管理、技术的研究和创新,不断提高广播电视安全播出水平。

第三章 日常管理

第十五条 安全播出责任单位的广播电视节目源管理,应当符合下列规定:

(一)广播电台、电视台在节目制作、节目播出编排、节目交接等环节应当执行复核复审、重播重审制度,避免节目错播、空播，并保证节目制作技术质量符合国家、行业相关标准；

（二）广播电台、电视台直播节目应当具备必要的延时手段和应急措施，加强对节目的监听监看，监督参与直播的人员遵守直播管理制度和技术设备操作规范；

（三）从事广播电视传输、覆盖业务的安全播出责任单位应当使用专用信道完整传输必转的广播电视节目；

（四）不得擅自接入、传送、播出境外广播电视节目；

（五）发现广播电视节目中含有法律、行政法规禁止的内容的，应当立即采取措施予以消除或者停止播出、传输、覆盖，保存有关记录，并向广播影视行政部门报告。

第十六条　对新建、扩建或者更新改造广播电视技术系统的工程项目，安全播出责任单位在实施前应当组织相关专家或者委托专业评估机构对技术方案进行安全播出评估；在工程项目完工后应当组织验收，并向广播影视行政部门报告验收情况。

第十七条　新建广播电视技术系统投入使用前，试运行时间不得少于一个月。

第十八条　新建广播电视播出、传输、发射系统需要试播的，安全播出责任单位应当报请省、自治区、直辖市以上人民政府广播影视行政部门批准。

申请材料应当包括申请书、播出保障方案等内容。

试播期不得超过六个月。对安全播出责任单位试播期间的安全播出工作评价纳入广播电视安全播出考核，但非责任性停播事故除外。

第十九条　安全播出责任单位的技术系统运行管理，应当符合下列规定：

（一）按照省、自治区、直辖市以上人民政府广播影视行政部门批准的节目、传输方式、覆盖范围以及相关技术参数播出、传输、发射广播电视信号，未经批准不得擅自停止或者变更服务；

（二）播出质量、技术运行指标符合国家、行业有关标准；

（三）制定完善的安全播出保障方案和播出、运行工作流程，安全播出保障方案应当报广播影视行政部门备案；

（四）对主要播出环节的信号进行监听监看，对设备运行状态进行监控，及时发现并处置播出故障；

（五）广播电视重点时段和重要节目播出期间，在人员、设施等方面给予保障，做好重点区域、重点部位的防范和应急准备；

（六）定期对安全播出风险进行自评估。

第二十条　安全播出责任单位的技术系统维护管理，应当符合下列规定：

（一）遵守国家、行业有关标准，建立健全维护管理制度；

（二）安全播出责任单位之间、播出环节之间做到维护界限清晰、责任明确；

（三）安全播出责任单位委托其它单位承担技术维护或者播出运行工作的，应当选择具备相应技术实力的单位，并与其签订委托协议。

第二十一条　广播电视技术系统的检修、施工管理，应当符合下列规定：

（一）对技术系统定期进行例行检修，例行检修需要停播（传）广播电视节目的，应当将停播（传）时间报省、自治区、直辖市以上人民政府广播影视行政部门备案；

（二）在例行检修时间之外临时停播（传）广播电视节目进行检修、施工的，应当按照国务院广播影视行政部门的有关规定报请批准；

（三）更新改造在播系统、设备、线路及其附属设施，应当制定工程施工方案和应急预案，与施工单位签订安全协议，落实安全措施。

第二十二条 安全播出责任单位在播出、传输、覆盖及相关活动中，应当遵守有关安全生产的法律、法规和技术标准。

安全播出责任单位应当遵守有关信息安全的法律、法规和技术标准，对涉及安全播出的信息系统开展风险评估和等级保护工作。

第二十三条 广播电视安全播出事故管理，应当符合下列规定：

（一）广播电视安全播出事故分为责任事故、技术事故、其它事故三类，事故级别分为特大、重大和一般三级；

（二）安全播出责任单位发生特大、重大事故后，应当立即向省、自治区、直辖市以上人民政府广播影视行政部门报告；

（三）特大安全播出事故由国务院广播影视行政部门组织事故调查，重大事故由省、自治区、直辖市以上人民政府广播影视行政部门组织事故调查；

（四）发生安全播出事故的，安全播出责任单位的上级主管部门应当根据调查结果依法予以处理。

第二十四条 安全播出责任单位应当定期向广播影视行政部门报送安全播出统计报表和报告。

第四章 重要保障期管理

第二十五条 全国安全播出重要保障期由国务院广播影视行政部门规定，地方安全播出重要保障期由县级以上地方人民政府广播影视行政部门规定。

重要保障期确定后，广播影视行政部门应当及时告知安全播出责任单位。

第二十六条 重要保障期前，安全播出责任单位应当制定重要保障期预案，做好动员部署、安全防范和技术准备。

第二十七条 重要保障期间，安全播出责任单位应当全面落实重要保障期预案的措施、要求，加强值班和监测，并做好应急准备。重要节目和重点时段，主管领导应当现场指挥。

广播影视行政部门应当对安全播出责任单位在重要保障期的各项工作加强监督、检查。

第二十八条 重要保障期间，安全播出责任单位不得进行例行检修或者有可能影响安全播出的施工；因排除故障等特殊情况必须检修并可能造成广播电视节目停播（传）的，应当报省、自治区、直辖市以上人民政府广播影视行政部门批准。

第二十九条 因重要保障期取消例行检修时段的，广播电台、电视台应当提前做好节目安排和节目单核查，避免造成节目空播。

第五章 应急管理

第三十条 广播影视行政部门对本行政区域内广播电视安全播出突发事件应急管理工作负责。

安全播出责任单位负责本单位安全播出突发事件的应急处置工作，并服从广播影视行政部门的统一管理。

第三十一条 广播电视安全播出突发事件分为破坏侵扰事件、自然灾害事件、技术安全事件、其它事件四类；突发事件级别分为特别重大（特大）、重大、较大三级。

第三十二条 发生安全播出突发事件时，安全播出责任单位应当遵循下列处置原则：

（一）播出、传输、发射、接收的广播电视节目信号受到侵扰或者发现异常信号时，应当立即切断异常信号传播，并在可能的情况下倒换正常信号；

（二）发现无线信号受到干扰时，应当立即报请所在地人民政府无线电管理部门排查干扰；

（三）发生危及人身安全或者设施安全的突发事件时，应当在保证人身安全、设施安全的情况下，采取措施尽快恢复播出；

（四）恢复节目信号播出时，应当遵循"先中央、后地方；先公益、后付费"的原则。

第三十三条 安全播出责任单位应当根据安全播出突发事件的分类、级别和处置原则，制定和适时修订应急预案，定期组织演练，并将预案报广播影视行政部门备案。

第三十四条 安全播出责任单位应当投入必要的资金用于应急资源储备和维护更新，应急资源储备目录、维护更新情况应当报广播影视行政部门备案。

在紧急状态下，安全播出责任单位应当服从广播影视行政部门对应急资源的统一调配，确保重要节目安全播出。

第六章 监督管理

第三十五条 广播影视行政部门履行下列广播电视安全播出监督管理职责：

（一）组织制定并实施运行维护规程及安全播出相关的技术标准、管理规范；

（二）对本行政区域内安全播出情况进行监督、检查，对发现的安全播出事故隐患，督促安全播出责任单位予以消除；

（三）组织对特大、重大安全播出事故的调查并依法处理；

（四）建立健全监测机制，掌握本行政区域内节目播出、传输、覆盖情况，发现和快速通报播出异态；

（五）建立健全指挥调度机制，保证安全播出责任单位和相关部门的协调配合；

（六）组织安全播出考核，并根据结果对安全播出责任单位予以奖励或者批评。

第三十六条 广播影视行政部门设立的广播电视监测、指挥调度机构，按照广播影视行政部门的要求，负责广播电视信号监测、安全播出保障体系建设、安全播出风险评估等安全播出日常管理以及应急指挥调度的具体工作。

第三十七条 广播电视监测、指挥调度机构应当安排专人24小时值班，了解与安全播出有关的突发事件，及时向广播影视行政部门报告；建立健全技术监测系统，避免漏监、错监；建立健全指挥调度系统，保证快速、准确发布预警和调度指令。

第三十八条 安全播出责任单位应当按照广播影视行政部门的规定，积极配合广播电视监测、指挥调度机构的工作，向其如实提供节目信号及相关信息。

第三十九条 广播影视行政部门应当建立广播电视安全播出举报制度，公布举报电话、信箱或者电子邮件地址；任何组织、个人有权对违反安全播出管理的行为进行举报。

广播影视行政部门受理有关安全播出的举报，应当进行记录；经调查核实的，应当通知有关安全播出责任单位并督促其整改。

第七章 法律责任

第四十条 违反本规定，有下列行为之一的，对直接负责的主管人员和直接责任人员依法给予处分；构成犯罪的，依法追究刑事责任：

（一）发生安全播出特大、重大责任事故造成恶劣影响的；

（二）造成广播电视技术系统严重损害的；

（三）对特大、重大安全播出事故、事件隐瞒不报、谎报或者拖延不报的。

第四十一条 违反本规定，有下列行为之一的，由县级以上人民政府广播影视行政部门给予警告，下达《安全播出整改通知书》；逾期未改正的，给予通报批评，可并处三万元以下罚款；情节严重的，对直接负责的主管人员和直接责任人员依法给予处分：

（一）机构和人员设置、技术系统配置、管理制度、运行流程、应急预案等不符合有关规定，导致播出质量达不到要求的；

（二）对技术系统的代维单位管理不力，引发重大安全播出事故的；

（三）安全播出责任单位之间责任界限不清晰，导致故障处置不及时的；

（四）节目播出、传送质量不好影响用户正常接收广播电视节目的；

（五）从事广播电视传输、覆盖业务的安全播出责任单位未使用专用信道完整传输必转的广播电视节目的；

（六）未按照有关规定向广播影视行政部门设立的监测机构提供所播出、传输节目的完整信号，或者干扰、阻碍监测活动的；

（七）妨碍广播影视行政部门监督检查、事故调查，或者不服从安全播出统一调配的；

（八）未按规定记录、保存本单位播出、传输、发射的节目信号的质量和效果的；

（九）未按规定向广播影视行政部门备案安全保障方案或者应急预案的。

第四十二条 广播电台、电视台违反本规定，县级以上人民政府广播影视行政部门可以依照《广播电视管理条例》和国家有关规定予以处理。

第四十三条 广播影视行政部门及其工作人员在广播电视安全播出管理工作中滥用职权、玩忽职守、徇私舞弊，构成犯罪的，依法追究刑事责任；尚不构成犯罪的，依法给予处分。

第八章 附 则

第四十四条 本规定下列用语的含义：

安全播出，指在广播电视节目播出、传输过程中的节目完整、信号安全和技术安全。其中，节目完整是指安全播出责任单位完整并准确地播出、传输预定的广播电视节目；信号安全指承载广播电视节目的电、光信号不间断、高质量；技术安全指广播电视播出、传输、覆盖及相关活动参与人员的人身安全和广播电视设施安全。

技术系统，指与广播电视安全播出有关的系统、设备、线路及其附属设施的统称。包括：广播电视播出、传输、发射系统以及相关监测、监控系统，相关供配电系统，相关附属设施（含机房以及机房内空调、消防、防雷接地、光电缆所在杆路、管道，天线所在桅塔等）。

紧急状态，指发生安全播出特大、重大安全播出突发事件，需要立即启动应急预案尽快恢复播出或者消除外部威胁对安全播出的影响时的状态。

第四十五条 本规定自 2010 年 2 月 6 日起施行。1992 年 6 月 17 日原广播电影电视部发布的《有线电视系统技术维护运行管理暂行规定》、2002 年 4 月 2 日国家广播电影电视总局发布的《有线广播电视传输覆盖网安全管理办法》和 2002 年 8 月 23 日国家广播电影电视总局发布的《有线广播电视传输覆盖网缆线安全防范管理办法》同时废止。

广播电视视频点播业务管理办法

国家广播电影电视总局令
第 35 号

《广播电视视频点播业务管理办法》经 2004 年 6 月 15 日局务会议通过，现予发布，自 2004 年 8 月 10 日起施行。

国家广播电影电视总局局长
二〇〇四年七月六日

（2004 年 7 月 6 日国家广播电影电视总局令第 35 号发布；2015 年 8 月 28 日国家新闻出版广电总局令第 3 号《关于修订部分规章和规范性文件的决定》修正）

第一章 总 则

第一条 为促进广播电视视频点播业务健康发展，加强监督管理，促进社会主义精神文明建设，制定本办法。

第二条 本办法所称的广播电视视频点播（以下简称视频点播），是指通过广播电视技术系统以即时点播、准视频点播（轮播）、下载播放等点播形式供用户自主选择收看广播电视节目的业务活动。

第三条 国家广播电影电视总局（以下简称广电总局）负责全国视频点播业务的管理，制定全国视频点播业务总体规划，确定视频点播开办机构的总量、布局。

县级以上地方广播电视行政部门负责本辖区内视频点播业务的管理。

第四条 国家对视频点播业务实行许可制度。未经许可，任何机构和个人均不得开办视频点播业务。

禁止外商独资、中外合资、中外合作机构申请开办视频点播业务，但符合本办法第八条第一款的除外。

第二章 业务许可

第五条 开办视频点播业务须取得《广播电视视频点播业务许可证》。

第六条 《广播电视视频点播业务许可证》分为甲、乙两种。

持有《广播电视视频点播业务许可证（甲种）》的机构，可在许可证载明的行政区域内从事视频点播业务。

持有《广播电视视频点播业务许可证（乙种）》的机构，可在许可证载明的宾馆饭店内从事视频点播业务。

第七条 下列机构可以申请《广播电视视频点播业务许可证（甲种）》：

（一）经批准设立的地（市）级以上广播电台、电视台；

（二）经批准设立的广播影视集团（总台）。

第八条 下列机构可以申请《广播电视视频点播业务许可证（乙种）》：

（一）三星级以上或相当于三星级以上的宾馆饭店；

（二）具有同时为10家以上三星级或相当于三星级以上的宾馆饭店提供视频点播业务能力的机构。

第九条 申请《广播电视视频点播业务许可证》必须具备以下条件：

（一）符合国家视频点播业务总体规划；

（二）有符合本办法规定的节目资源；

（三）具备与视频点播业务开办规模相适应的场所、技术、人

员等条件;

（四）所使用的系统和设备符合国家和行业技术标准;

（五）有健全的节目内容审查制度、播出管理制度;

（六）有确定的传播范围;

（七）具备与开办视频点播业务相适应的信誉和服务能力;

（八）有与广播电视行政部门监控系统实现联网的方案;

（九）其他法律、行政法规规定的条件。

第十条 申请《广播电视视频点播业务许可证》的，须提交以下材料：

（一）申请报告，内容应包括：申请许可证类别（甲种、乙种）、传播方式（即时点播、准视频点播、下载播放）、播放范围等;

（二）《广播电视视频点播业务许可证》申请表;

（三）从事广播电视视频点播业务的节目开办方案、技术方案、运营方案、管理制度;

（四）向政府监管部门提供监控信号的监控方案;

（五）主管人员简要情况介绍和设备、场所的证明资料。

申请《广播电视视频点播业务许可证（乙种）》的，还应提交营业执照和宾馆饭店星级评定的相关证明;其中，由宾馆饭店以外的机构申请《广播电视视频点播业务许可证（乙种）》的，还需要提交公司章程以及宾馆饭店同意在其宾馆饭店从事视频点播业务的书面文件。

第十一条 申请《广播电视视频点播业务许可证（甲种）》的，应向当地广播电视行政部门提出申请，并提交符合第十条规定的申报材料。经逐级审核后，报广电总局审批。

广电总局对申报材料进行审核，审核合格的，组织有关专家进行论证，论证期限为三十日。广电总局根据论证结论做出决定，符合条件的，颁发《广播电视视频点播业务许可证（甲种）》；不符合条件的，书面通知申办机构并说明理由。

第十二条　申请《广播电视视频点播业务许可证（乙种）》，应向当地县级以上广播电视行政部门提出申请，并提交符合第十条规定的申报材料。经逐级审核后，报省级广播电视行政部门审批。

省级广播电视行政部门对申报材料进行审核，审核合格的，申办机构可以安装视频点播设备。设备安装完毕，省级广播电视行政部门组织验收，根据验收结论做出决定，符合条件的，颁发《广播电视视频点播业务许可证（乙种）》，并在九十日内报广电总局备案；不符合条件的，书面通知申办机构并说明理由。

第十三条　负责受理的广播电视行政部门应按照行政许可法规定的期限和权限，履行受理、审核职责。

第十四条　《广播电视视频点播业务许可证》有效期为三年，自颁发之日起计算。有效期届满，需继续经营视频点播业务的，应于期满前六个月按本办法规定的审批程序办理续办手续。

第十五条　开办机构应在领取《广播电视视频点播业务许可证》之后九十日内开播。如因特殊理由不能如期开播，应经发证机关同意，否则按终止业务处理。

第十六条　持有《广播电视视频点播业务许可证》的机构需终止业务的，应提前六十日向原发证机关申报，其《广播电视视频点播业务许可证》由原发证机关予以公告注销。

第十七条　《广播电视视频点播业务许可证》包含开办主体、开办范围、节目类别、传送方式等项目。

开办机构必须按照许可证载明的事项从事视频点播业务。

第十八条　开办机构变更许可证登记项目、股东及持股比例的，应提前六十日报原发证机关批准。

第十九条　开办机构的营业场所、法定代表人、节目总编等重要事项发生变更,应在三十日内书面告知原发证机关。

第二十条 宾馆饭店不得允许未获得《广播电视视频点播业务许可证》的机构在其宾馆饭店内从事视频点播业务。

宾馆饭店同意其他机构作为开办主体在本宾馆饭店内从事视频点播业务的,应对其经营活动进行必要的监督。如发现有违反本办法规定行为的,应予以制止并立即报告当地广播电视行政部门。

第三章 节目管理

第二十一条 视频点播节目禁止载有下列内容:

(一)反对宪法确定的基本原则的;

(二)危害国家统一、主权和领土完整的;

(三)泄露国家秘密、危害国家安全或者损害国家荣誉和利益的;

(四)煽动民族仇恨、民族歧视,破坏民族团结,或者侵害民族风俗、习惯的;

(五)宣扬邪教、迷信的;

(六)扰乱社会秩序,破坏社会稳定的;

(七)宣扬淫秽、赌博、暴力或者教唆犯罪的;

(八)侮辱或者诽谤他人,侵害他人合法权益的;

(九)危害社会公德或者民族优秀文化传统的;

(十)有法律、行政法规和国家规定禁止的其他内容的。

第二十二条 用于视频点播业务的节目,应符合《著作权法》的规定。

第二十三条 用于视频点播业务的节目,应以国产节目为主。

第二十四条 引进用于视频点播的境外影视剧,应按有关规定报广电总局审查。

第二十五条 用于视频点播的节目限于以下五类:

（一）取得《电视剧发行许可证》、《电影片公映许可证》的影视剧；

（二）依法设立的广播电视播出机构制作、播出的节目；

（三）依法设立的广播电视节目制作经营机构制作的节目；

（四）经省级以上广播电视行政部门审查批准的境外广播电视节目；

（五）从合法途径取得的天气预报、股票行情等信息类节目。

第二十六条 用于视频点播的新闻类或信息类节目应真实、公正。

第二十七条 开办机构应配备节目审查员，健全节目审查制度，实行节目总编负责制，对其播放的节目内容进行审查。节目总编应具备必要的业务素质和相关的从业经验。

第二十八条 持有《广播电视视频点播业务许可证（甲种）》开办机构的播出前端应与广电总局视频点播业务监控系统实现联网；持有《广播电视视频点播业务许可证（乙种）》开办机构的播出前端应与所在地广播电视行政部门视频点播业务监控系统实现联网。

第四章 罚 则

第二十九条 违反本办法规定，未经批准，擅自开办视频点播业务的，由县级以上广播电视行政部门予以取缔，可以并处一万元以上三万元以下的罚款；构成犯罪的，依法追究刑事责任。

第三十条 违反本办法规定，有下列行为之一的，由县级以上广播电视行政部门责令停止违法活动、给予警告、限期整改，可以并处三万元以下的罚款：

（一）未按《广播电视视频点播业务许可证》载明的事项从事视频点播业务的；

（二）未经批准，擅自变更许可证事项、股东及持股比例或者需终止开办视频点播业务的；

（三）播放不符合本办法规定的广播电视节目的；

（四）未按本办法第二十一条、第二十四条、第二十五条规定播放视频点播节目的；

（五）违反本办法第十八条，第十九条规定，有重要事项发生变更未在规定期限内通知原发证机关的；

（六）违反本办法第二十八条规定，播出前端未按规定与广播电视行政部门监控系统进行联网的。

第三十一条　违反本办法规定，节目总编或节目审查员未履行应尽职责，出现三次以上违规内容的，广电总局可以对相关责任人予以警告；相关责任人三年内不得担任视频点播开办机构的节目总编或节目审查员。

第三十二条　违反本办法第二十条规定，宾馆饭店允许未获得《广播电视视频点播业务许可证》的机构在其宾馆饭店内经营视频点播业务的，由县级以上广播电视行政部门予以警告，可以并处三万元以下罚款。

第五章　附　则

第三十三条　本办法施行前经广播电视行政部门批准开办视频点播业务的机构，应自本办法实施之日起六个月内，按照本办法规定申换许可证。

第三十四条　本办法自 2004 年 8 月 10 日起施行。广电总局《有线电视视频点播管理暂行办法》（广电总局令第 4 号）和《宾馆饭店视频点播管理暂行办法》（广电总局令第 6 号）同时废止。

广播电视广告播出管理办法

国家广播电影电视总局令
第 61 号

《广播电视广告播出管理办法》经国家广播电影电视总局 2009 年 8 月 27 日局务会议审议通过，现予发布，自 2010 年 1 月 1 日起施行。

国家广播电影电视总局局长
二〇〇九年九月八日

第一章 总 则

第一条 为了规范广播电视广告播出秩序，促进广播电视广告业健康发展，保障公民合法权益，依据《中华人民共和国广告法》、《广播电视管理条例》等法律、行政法规，制定本办法。

第二条 广播电台、电视台（含广播电视台）等广播电视播出机构（以下简称"播出机构"）的广告播出活动，以及广播电视传输机构的相关活动，适用本办法。

第三条 本办法所称广播电视广告包括公益广告和商业广告（含资讯服务、广播购物和电视购物短片广告等）。

第四条 广播电视广告播出活动应当坚持以人为本，遵循合法、真实、公平、诚实信用的原则。

第五条 广播影视行政部门对广播电视广告播出活动实行属地管理、分级负责。

国务院广播影视行政部门负责全国广播电视广告播出活动的监

督管理工作。

县级以上地方人民政府广播影视行政部门负责本行政区域内广播电视广告播出活动的监督管理工作。

第六条 广播影视行政部门鼓励广播电视公益广告制作和播出，对成绩显著的组织、个人予以表彰。

第二章 广告内容

第七条 广播电视广告是广播电视节目的重要组成部分，应当坚持正确导向，树立良好文化品位，与广播电视节目相和谐。

第八条 广播电视广告禁止含有下列内容：

（一）反对宪法确定的基本原则的；

（二）危害国家统一、主权和领土完整，危害国家安全，或者损害国家荣誉和利益的；

（三）煽动民族仇恨、民族歧视，侵害民族风俗习惯，伤害民族感情，破坏民族团结，违反宗教政策的；

（四）扰乱社会秩序，破坏社会稳定的；

（五）宣扬邪教、淫秽、赌博、暴力、迷信，危害社会公德或者民族优秀文化传统的；

（六）侮辱、歧视或者诽谤他人，侵害他人合法权益的；

（七）诱使未成年人产生不良行为或者不良价值观，危害其身心健康的；

（八）使用绝对化语言，欺骗、误导公众，故意使用错别字或者篡改成语的；

（九）商业广告中使用、变相使用中华人民共和国国旗、国徽、国歌，使用、变相使用国家领导人、领袖人物的名义、形象、声音、名言、字体或者国家机关和国家机关工作人员的名义、形象的；

（十）药品、医疗器械、医疗和健康资讯类广告中含有宣传治愈率、有效率，或者以医生、专家、患者、公众人物等形象做疗效证明的；

（十一）法律、行政法规和国家有关规定禁止的其他内容。

第九条 禁止播出下列广播电视广告：

（一）以新闻报道形式发布的广告；

（二）烟草制品广告；

（三）处方药品广告；

（四）治疗恶性肿瘤、肝病、性病或者提高性功能的药品、食品、医疗器械、医疗广告；

（五）姓名解析、运程分析、缘份测试、交友聊天等声讯服务广告；

（六）出现"母乳代用品"用语的乳制品广告；

（七）法律、行政法规和国家有关规定禁止播出的其他广告。

第十条 时政新闻类节（栏）目不得以企业或者产品名称等冠名。有关人物专访、企业专题报道等节目中不得含有地址和联系方式等内容。

第十一条 投资咨询、金融理财和连锁加盟等具有投资性质的广告，应当含有"投资有风险"等警示内容。

第十二条 除福利彩票、体育彩票等依法批准的广告外，不得播出其他具有博彩性质的广告。

第三章　广告播出

第十三条 广播电视广告播出应当合理编排。其中，商业广告应当控制总量、均衡配置。

第十四条 广播电视广告播出不得影响广播电视节目的完整性。除在节目自然段的间歇外，不得随意插播广告。

第十五条 播出机构每套节目每小时商业广告播出时长不得超过12分钟。其中,广播电台在11:00至13:00之间、电视台在19:00至21:00之间,商业广告播出总时长不得超过18分钟。

在执行转播、直播任务等特殊情况下,商业广告可以顺延播出。

第十六条 播出机构每套节目每日公益广告播出时长不得少于商业广告时长的3%。其中,广播电台在11:00至13:00之间、电视台在19:00至21:00之间,公益广告播出数量不得少于4条(次)。

第十七条 播出电视剧时,可以在每集(以45分钟计)中插播2次商业广告,每次时长不得超过1分30秒。其中,在19:00至21:00之间播出电视剧时,每集中可以插播1次商业广告,时长不得超过1分钟。

播出电影时,插播商业广告的时长和次数参照前款规定执行。

第十八条 在电影、电视剧中插播商业广告,应当对广告时长进行提示。

第十九条 除电影、电视剧剧场或者节(栏)目冠名标识外,禁止播出任何形式的挂角广告。

第二十条 电影、电视剧剧场或者节(栏)目冠名标识不得含有下列情形:

(一)单独出现企业、产品名称,或者剧场、节(栏)目名称难以辨认的;

(二)标识尺寸大于台标,或者企业、产品名称的字体尺寸大于剧场、节(栏)目名称的;

(三)翻滚变化,每次显示时长超过5分钟,或者每段冠名标识显示间隔少于10分钟的；

（四）出现经营服务范围、项目、功能、联系方式、形象代言人等文字、图像的。

第二十一条 电影、电视剧剧场或者节（栏）目不得以治疗皮肤病、癫痫、痔疮、脚气、妇科、生殖泌尿系统等疾病的药品或者医疗机构作冠名。

第二十二条 转播、传输广播电视节目时，必须保证被转播、传输节目的完整性。不得替换、遮盖所转播、传输节目中的广告；不得以游动字幕、叠加字幕、挂角广告等任何形式插播自行组织的广告。

第二十三条 经批准在境内落地的境外电视频道中播出的广告，其内容应当符合中国法律、法规和本办法的规定。

第二十四条 播出商业广告应当尊重公众生活习惯。在6：30至7：30、11：30至12：30以及18：30至20：00的公众用餐时间，不得播出治疗皮肤病、痔疮、脚气、妇科、生殖泌尿系统等疾病的药品、医疗器械、医疗和妇女卫生用品广告。

第二十五条 播出机构应当严格控制酒类商业广告，不得在以未成年人为主要传播对象的频率、频道、节（栏）目中播出。广播电台每套节目每小时播出的烈性酒类商业广告，不得超过2条；电视台每套节目每日播出的烈性酒类商业广告不得超过12条，其中19：00至21：00之间不得超过2条。

第二十六条 在中小学生假期和未成年人相对集中的收听、收视时段，或者以未成年人为主要传播对象的频率、频道、节（栏）目中，不得播出不适宜未成年人收听、收视的商业广告。

第二十七条 播出电视商业广告时不得隐匿台标和频道标识。

第二十八条 广告主、广告经营者不得通过广告投放等方式干预、影响广播电视节目的正常播出。

第四章 监督管理

第二十九条 县级以上人民政府广播影视行政部门应当加强对本行政区域内广播电视广告播出活动的监督管理，建立、完善监督管理制度和技术手段。

第三十条 县级以上人民政府广播影视行政部门应当建立公众举报机制，公布举报电话，及时调查、处理并公布结果。

第三十一条 县级以上地方人民政府广播影视行政部门在对广播电视广告违法行为作出处理决定后5个工作日内，应当将处理情况报上一级人民政府广播影视行政部门备案。

第三十二条 因公共利益需要等特殊情况，省、自治区、直辖市以上人民政府广播影视行政部门可以要求播出机构在指定时段播出特定的公益广告，或者作出暂停播出商业广告的决定。

第三十三条 播出机构从事广告经营活动应当取得合法资质，非广告经营部门不得从事广播电视广告经营活动，记者不得借采访名义承揽广告业务。

第三十四条 播出机构应当建立广告经营、审查、播出管理制度，负责对所播出的广告进行审查。

第三十五条 播出机构应当加强对广告业务承接登记、审核等档案资料的保存和管理。

第三十六条 药品、医疗器械、医疗、食品、化妆品、农药、兽药、金融理财等须经有关行政部门审批的商业广告，播出机构在播出前应当严格审验其依法批准的文件、材料。不得播出未经审批、材料不全或者与审批通过的内容不一致的商业广告。

第三十七条 制作和播出药品、医疗器械、医疗和健康资讯类广告需要聘请医学专家作为嘉宾的，播出机构应当核验嘉宾的医师执业证书、工作证、职称证明等相关证明文件，并在广告中据实提示，不得聘请无有关专业资质的人员担当嘉宾。

第三十八条　因广告主、广告经营者提供虚假证明文件导致播出的广告违反本办法规定的，广播影视行政部门可以对有关播出机构减轻或者免除处罚。

第三十九条　国务院广播影视行政部门推动建立播出机构行业自律组织。该组织可以按照章程的规定，采取向社会公告、推荐和撤销"广播电视广告播出行业自律示范单位"等措施，加强行业自律。

第五章　法律责任

第四十条　违反本办法第八条、第九条的规定，由县级以上人民政府广播影视行政部门责令停止违法行为或者责令改正，给予警告，可以并处三万元以下罚款；情节严重的，由原发证机关吊销《广播电视频道许可证》、《广播电视播出机构许可证》。

第四十一条　违反本办法第十五条、第十六条、第十七条的规定，以及违反本办法第二十二条规定插播广告的，由县级以上人民政府广播影视行政部门依据《广播电视管理条例》第五十条、第五十一条的有关规定给予处罚。

第四十二条　违反本办法第十条、第十二条、第十九条、第二十条、第二十一条、第二十四条至第二十八条、第三十四条、第三十六条、第三十七条的规定，或者违反本办法第二十二条规定替换、遮盖广告的，由县级以上人民政府广播影视行政部门责令停止违法行为或者责令改正，给予警告，可以并处二万元以下罚款。

第四十三条　违反本办法规定的播出机构，由县级以上人民政府广播影视行政部门依据国家有关规定予以处理。

第四十四条　广播影视行政部门工作人员滥用职权、玩忽职守、徇私舞弊或者未依照本办法规定履行职责的，对负有责任的主管人员和直接责任人员依法给予处分。

第六章 附 则

第四十五条 本办法自 2010 年 1 月 1 日起施行。2003 年 9 月 15 日国家广播电影电视总局发布的《广播电视广告播放管理暂行办法》同时废止。

《广播电视广告播出管理办法》的补充规定

国家广播电影电视总局令

第 66 号

《〈广播电视广告播出管理办法〉的补充规定》经国家广播电影电视总局 2011 年 11 月 21 日局务会议审议通过,现予发布,自 2012 年 1 月 1 日起施行。

国家广播电影电视总局局长
二○一一年十一月二十五日

为贯彻落实《中共中央关于深化文化体制改革推动社会主义文化大发展大繁荣若干重大问题的决定》,坚持把社会效益放在首位,充分发挥广播电视构建公共文化服务体系、提高公共文化服务水平、保障人民基本文化权益的作用,现对《广播电视广告播出管理办法》(国家广播电影电视总局令第 61 号)作如下补充规定:

一、第十七条修改为:"播出电视剧时,不得在每集(以四十五分钟计)中间以任何形式插播广告。

播出电影时,插播广告参照前款规定执行。"

二、删除第十八条。

三、本补充规定自 2012 年 1 月 1 日起施行。

此外,根据本规定对《广播电视广告播出管理办法》(国家广播电影电视总局令第 61 号)部分条文的文字作相应调整和修改。

有线广播电视运营服务管理暂行规定

国家广播电影电视总局令

第 67 号

《有线广播电视运营服务管理暂行规定》经国家广播电影电视总局 2011 年 9 月 14 日局务会议审议通过,现予发布,自 2012 年 3 月 1 日起施行。

国家广播电影电视总局局长
二〇一一年十二月二日

第一章 总 则

第一条 为了规范有线广播电视运营服务行为,提高服务质量,维护用户合法权益,根据《广播电视管理条例》,制定本规定。

第二条 本规定所称有线广播电视运营服务,是指依法设立的有线广播电视运营服务提供者,利用有线广播电视传输覆盖网向用户提供服务的活动。

第三条 有线广播电视运营服务工作应当遵循用户为本、安全畅通、公平合理、公益优先的原则。

有线广播电视运营服务提供者应当按照科学审慎、安全可靠、提高效率的原则,加快有线广播电视数字化转换,持续改进服务质量,使有线广播电视网络成为国家信息化服务的普及平台。

第四条 有线广播电视运营服务监督管理工作应当遵循公开、公平、公正的原则,实行政府监管、行业自律、社会监督相结合的机制，促进有线广播电视运营服务提供者不断提升公共服务水平，提高用户覆盖率和服务质量。

第五条 国务院广播影视行政部门负责全国有线广播电视运营服务监督管理工作。

县级以上地方人民政府广播影视行政部门负责本行政区域内的有线广播电视运营服务监督管理工作。

第六条 县级以上人民政府广播影视行政部门按照有关规定，对在有线广播电视运营服务工作中做出突出贡献的组织、个人给予奖励。

第二章 服务要求

第七条 有线广播电视运营服务提供者应当向社会公布其业务种类、服务范围、服务时限、资费标准，并向省、自治区、直辖市人民政府广播影视行政部门备案。

有线广播电视运营服务提供者向用户提供的业务质量指标和服务质量指标应当符合国家和行业标准、要求。

第八条 有线广播电视运营服务提供者应当向社会公布所传送的基本收视频道目录。

基本收视频道的数量应当符合国务院广播影视行政部门的规定。基本收视频道中应当包括国务院广播影视行政部门要求转播的广播电视节目和县级以上地方人民政府广播影视行政部门要求转播的经国务院广播影视行政部门批准的本地广播电视节目。

第九条 有线广播电视运营服务提供者在由模拟电视向数字电视整体转换过程中，应当在国务院广播影视行政部门规定的时间内保留一定数量的模拟电视节目供用户选择收看。

鼓励有线广播电视运营服务提供者利用有线广播电视传输覆盖

网传送广播节目。

第十条 除下列情况外，有线广播电视运营服务提供者不得更改所传送的基本收视频道：

（一）国务院广播影视行政部门依法做出的决定；

（二）信号源不符合传送条件或者已停止播出的；

（三）与节目提供方的协议有效期满或者节目提供方承担违约责任的；

（四）法律、行政法规、规章规定的其它情形。

终止传送基本收视频道的，有线广播电视运营服务提供者应当向所涉及用户公告，并采取措施保证基本收视频道数量。有前款第（二）项规定情形的，有线广播电视运营服务提供者应当于当日向省、自治区、直辖市人民政府广播影视行政部门报告。

第十一条 有线广播电视运营服务提供者停止经营某项业务时，应当提前30日通知所涉及用户，并公平合理地做好用户善后工作。

第十二条 有线广播电视运营服务提供者应当以书面或者其它形式，明确与用户的权利和义务。格式合同条款应当公平合理、准确全面、简单明了，并采取适当方式提醒用户注意免除或者限制服务提供者责任的条款。

第十三条 有线广播电视运营服务提供者应当根据网络规模和用户分布情况设置服务网点，合理安排服务时间，方便用户办理有关事项。

有线广播电视运营服务提供者应当按照当地人民政府的要求，向残疾人和行动不便的老年人等用户提供便捷的服务。

第十四条 有线广播电视运营服务提供者向用户提供的服务项目应当包括安装、业务开通、迁移、变更、暂停、恢复、终止（注销）、故障维修、缴费、咨询、投诉和公告等内容。

第十五条 有线广播电视运营服务提供者应当在用户办理业务时,真实准确地向用户说明该项业务的功能、使用范围、取消方式、资费标准及缴纳办法、服务保障、客服电话等内容。

第十六条 有线广播电视运营服务提供者在接到用户的安装或者业务开通申请后,对城镇地区的用户应当在 2 个工作日内答复,对农村或者交通不便地区的用户应当在 5 个工作日内答复;未予受理的,应当向用户告知原因。

第十七条 有线广播电视运营服务提供者应当设立统一的客服电话,为用户提供 7×24 小时故障报修、咨询和投诉等服务。其中故障报修应当提供 7×24 小时人工服务。

第十八条 有线广播电视运营服务提供者接到用户故障报修后,需要上门维修的,应当自接报后 24 小时内与用户预约上门维修时间。

第十九条 城镇用户的网络和设备故障,有线广播电视运营服务提供者应当自接报之日的次日起或者用户同意的上门维修时间起 24 小时内修复,重大故障应当在 48 小时内修复;农村或者交通不便地区用户的故障,有线广播电视运营服务提供者应当自接报之日的次日起或者用户同意的上门维修时间起 72 小时内修复。

第二十条 因不可抗力原因造成不能按时上门维修或者修复的,有线广播电视运营服务提供者应当及时向用户说明,修复时限从不可抗力原因消失后开始计算。

第二十一条 有线广播电视运营服务提供者委派的上门维修人员应当遵守预约时间,出示工作证明并佩带本单位标识,爱护用户设施。需要收取费用的,应当事先向用户说明。

第二十二条 有线广播电视运营服务提供者更改、调整数字广播电视频道序号,或者因系统设备及线路计划检修、设备搬迁、工程割接、网络及软件升级等可预见的原因影响用户收看或者使用的,应当提前72小时向所涉及的用户公告;影响用户的时间超过24小时的,应当同时向所在地县级以上地方人民政府广播影视行政部门报告。

前款规定的原因消除后,有线广播电视运营服务提供者应当及时恢复服务。

第二十三条 因不可抗力、重大网络故障或者突发性事件影响用户使用的,有线广播电视运营服务提供者应当向所涉及用户公告;因其它不可预见的原因影响用户使用的,可以不予公告,但应当在用户咨询时告知原因。

第二十四条 有线广播电视运营服务提供者应当执行国家有关价格管理的规定,明码标价,需要调整资费标准、计费方式等重要事项时,应当向用户公告。

有线广播电视运营服务提供者应当为用户缴费和查询费用等提供便利,并为用户免费提供一年内的缴费记录查询。

第二十五条 用户逾期未按照约定缴纳有线广播电视基本收视维护费的,有线广播电视运营服务提供者可以暂停或者终止相应业务服务,但应当提前24小时通知用户。暂停服务期间,不得终止中央电视台第一套节目信号传送服务。

用户补足应缴费用的,有线广播电视运营服务提供者应当及时恢复服务,最迟不得超过24小时。

第二十六条 有线广播电视运营服务提供者应当建立用户投诉处理机制,形成包括受理、调查、处理、反馈、评估、报告、改进、存档等环节的完整工作流程。对用户关于服务的投诉,应当在15个工作日内答复。

有线广播电视运营服务提供者收到广播影视行政部门或者其设立的投诉处理机构转来的用户投诉后,应当在要求的期限内完成有关投诉处理事宜；不能按时完成的，应当向有关广播影视行政部门或者投诉处理机构提前说明情况。

第二十七条 有线广播电视运营服务提供者如需委托其它单位向用户提供安装、故障维修、缴费等服务，应当选择有相应技术实力、服务和管理能力、在工商管理机构注册登记、无不良记录的单位，并应当签订委托协议，对受委托单位进行定期检查和评估，加强日常管理。

受委托单位因其服务行为与用户产生纠纷的，由有线广播电视运营服务提供者依法承担责任。

第二十八条 有线广播电视运营服务提供者应当建立用户信息安全监管体系，如实登记用户个人信息，并依法负有保密义务。未经用户许可，不得泄露用户个人信息。

第二十九条 有线广播电视运营服务提供者应当按照国务院广播影视行政部门的要求，对从业人员进行服务规范方面的培训。

第三十条 有线广播电视运营服务提供者应当配合广播影视行政部门依法实施的监督检查，如实提供有关资料和情况。

第三十一条 有线广播电视运营服务提供者应当建立健全服务质量管理体系，按照省、自治区、直辖市以上人民政府广播影视行政部门的要求，对本单位服务质量进行自查，并向社会公布本单位服务质量状况。

有线广播电视运营服务提供者应当每年将自查情况通过省、自治区、直辖市人民政府广播影视行政部门向国务院广播影视行政部门报告。

第三十二条 为应对突发事件，有线广播电视运营服务提供者应当按照所在地人民政府的部署和要求，接受广播影视行政部门的指挥调度以及对有线网络资源的调配。

第三十三条 有线广播电视运营服务提供者应当创造条件，积极整合、运营和管理城市社区有线电视系统，向其用户提供符合本规定要求的服务。

第三章 监督管理

第三十四条 省、自治区、直辖市以上人民政府广播影视行政部门应当制定工作规划，组织开展有线广播电视运营服务质量评价活动，及时掌握服务动态，督促有线广播电视运营服务提供者不断提高服务质量。

第三十五条 国务院广播影视行政部门制定全国有线广播电视运营服务质量评价的具体标准，并指导、监督省、自治区、直辖市人民政府广播影视行政部门的有关具体实施工作。

全国有线广播电视运营服务质量评价的具体标准应当将用户满意度作为服务质量评价的核心指标。

第三十六条 省、自治区、直辖市以上人民政府广播影视行政部门应当不定期组织对本行政区域内有线广播电视运营服务提供者的服务质量进行抽查，并向社会公布抽查结果。

第三十七条 县级以上人民政府广播影视行政部门应当根据实际情况建立有线广播电视运营服务投诉处理机构，积极处理和妥善解决用户投诉，并将用户投诉情况作为有线广播电视运营服务质量评价的指标和内容。

第三十八条 广播影视行政部门或者投诉处理机构接到用户投诉后，应当予以记录并及时调查、处理；用户需要回复意见的，应当将处理结果告知用户。

第三十九条 广播影视行政部门的工作人员在监督检查有线广播电视运营服务质量和处理用户投诉时，可以行使下列职权：

（一）询问被检查的单位及有关人员，并要求提供相关资料；

（二）进入被检查单位的工作场所，查询、复制有关资料和原始记录。

第四十条 广播影视行政部门的工作人员实施的监督检查工作应当由两名以上工作人员共同进行。执法人员应当出示执法证件，并对查询、复制的资料依法负有保密义务。

第四十一条 县级以上人民政府广播影视行政部门可以聘请社会义务监督员，对有线广播电视运营服务提供者侵害用户权益的行为和有关部门工作人员在监督检查工作中的违法失职行为进行监督。

第四章 法律责任

第四十二条 有线广播电视运营服务提供者违反本规定第七条、第八条、第十条、第二十八条、第三十条、第三十一条的，由县级以上人民政府广播影视行政部门责令改正，给予警告；情节严重的，并处1万元以上3万元以下的罚款。

第四十三条 有线广播电视运营服务提供者违反本规定第十一条、第二十二条、第二十三条的，由县级以上人民政府广播影视行政部门责令改正，给予警告；情节严重的，并处5000元以上2万元以下的罚款。

第四十四条 有线广播电视运营服务提供者违反本规定第十七条、第十八条、第十九条、第二十一条、第二十六条、第二十九条的，由县级以上人民政府广播影视行政部门给予警告；情节严重的，并处5000元以下的罚款。

第四十五条 广播影视行政部门、投诉处理机构的工作人员未按照本规定履行职责或者有其它滥用职权、玩忽职守、徇私舞弊行为的，依法给予处分。

第五章　附　则

第四十六条　有线广播电视运营服务的具体技术指标和要求，由国务院广播影视行政部门另行制定。

第四十七条　有线广播电视运营服务提供者可以根据所服务区域实际情况，制定不低于本规定要求的具体服务标准。

第四十八条　本规定自 2012 年 3 月 1 日起施行。

卫星电视广播地面接收设施管理规定

中华人民共和国国务院令

第 638 号

《国务院关于废止和修改部分行政法规的决定》已经 2013 年 5 月 31 日国务院第 10 次常务会议通过，现予公布，自公布之日起施行。

总理　李克强

2013 年 7 月 18 日

（1993 年 10 月 5 日国务院令第 129 号发布；根据 2013 年 7 月 18 日《国务院关于废止和修改部分行政法规的决定》修订）

第一条　为了加强对卫星电视广播地面接收设施的管理，促进社会主义精神文明建设，制定本规定。

第二条　本规定所称卫星电视广播地面接收设施（以下简称卫星地面接收设施），是指接收卫星传送的电视节目的天线、高频头、接收机及编码、解码器等设施。

第三条　国家对卫星地面接收设施的生产、进口、销售、安装和使用实行许可制度。

生产、进口、销售、安装和使用卫星地面接收设施许可的条件，由国务院有关行政部门规定。

第四条　工业产品生产许可证主管部门许可的生产企业，应当将卫星地面接收设施销售给依法设立的安装服务机构。其他任何单位和个人不得销售。

第五条 进口卫星地面接收设施必须持国务院广播电影电视行政部门开具的证明，进口卫星地面接收设施的专用元部件必须持国务院电子工业行政部门开具的证明，到国务院机电产品进出口行政部门办理审批手续，海关凭审查批准文件放行。

禁止个人携带、邮寄卫星地面接收设施入境。

第六条 卫星地面接收设施的质量认证证书和认证标志，由国务院产品质量监督管理部门或者国务院产品质量监督管理部门授权的部门认可的认证机构按照有关质量认证的法律、法规的规定认证合格后发放；未经质量认证的，不得销售和使用。

第七条 单位设置卫星地面接收设施的，必须向当地县、市人民政府广播电视行政部门提出申请，报省、自治区、直辖市人民政府广播电视行政部门审批，凭审批机关开具的证明购买卫星地面接收设施。卫星地面接收设施安装完毕，由审批机关发给《接收卫星传送的电视节目许可证》。

第八条 个人不得安装和使用卫星地面接收设施。

如有特殊情况，个人确实需要安装和使用卫星地面接收设施并符合国务院广播电影电视行政部门规定的许可条件的，必须向所在单位提出申请，经当地县、市人民政府广播电视行政部门同意后报省、自治区、直辖市人民政府广播电视行政部门审批。

第九条 本规定发布前未经批准设置卫星地面接收设施的，必须自本规定发布之日起6个月内依照本规定办理审批手续。

第十条 违反本规定，擅自生产卫星地面接收设施或者生产企业未按照规定销售给依法设立的安装服务机构的，由工业产品生产许可证主管部门责令停止生产、销售。

违反本规定，擅自销售卫星地面接收设施的，由工商行政管理部门责令停止销售，没收其卫星地面接收设施，并可以处以相当于销售额 2 倍以下的罚款。

违反本规定，擅自安装和使用卫星地面接收设施的，由广播电视行政部门没收其安装和使用的卫星地面接收设施，对个人可以并处 5000 元以下的罚款，对单位可以并处 5 万元以下的罚款。

第十一条 当事人对处罚决定不服的，可以依照有关法律、行政法规的规定，申请行政复议或者提起行政诉讼。

第十二条 本规定的实施细则由国务院广播电影电视行政部门商有关行政部门制定。

第十三条 本规定自发布之日起施行。

卫星传输广播电视节目管理办法

广发办字〔1997〕638 号

第一条 为加强对利用卫星方式传输广播电视节目活动的管理，提高广播电视覆盖率，根据《广播电视管理条例》的规定，制订本办法。

第二条 本办法所称"卫星传输广播电视节目"是指境内广播电台、电视台利用卫星方式传输广播电视节目，以扩大广播电视覆盖的活动。

第三条 广播电影电视部负责全国的卫星广播电视频段和转发器使用的规划和管理，负责全国的卫星传输广播电视节目活动的审批和监督管理。

省级人民政府广播电视行政部门负责本行政区域内的卫星传输广播电视节目活动的初审和日常监督检查工作。

第四条 利用卫星方式传输广播电视节目，应当逐渐采用数字压缩技术，坚持广播节目与电视节目共星发射、共缆传输、共同入户的原则。

第五条 省级以上广播电台、电视台可以申请利用卫星方式传输广播电视节目。

第六条 广播电台、电视台利用卫星方式传输广播电视节目，应当具备以下条件：

（一）符合全国广播电视发展的总体规划和覆盖要求；

（二）有足够的资金保障；

（三）自制节目能力达到每天 5 小时以上，节目播出时间达到每天 18 小时以上；

（四）有健全的节目审查和管理制度；

（五）有利用电视通道副载波传输广播节目的条件和设备，有开展卫星多工应用的方案；

（六）有随时关断卫星广播电视节目的技术保证；

（七）广播电影电视部规定的其他条件。

第七条 中央的广播电台、电视台利用卫星方式传输广播电视节目，应当向广播电影电视部提出书面申请。中国教育电视台利用卫星方式传输电视节目，应当报经国家教育委员会批准，并向广播电影电视部提出书面申请。

省级广播电台、电视台利用卫星方式传输广播电视节目，应当向省级人民政府广播电视行政部门提出书面报告。省级人民政府广播电视行政部门认为需要利用卫星方式传输的，应当报经同级人民政府批准，并向广播电影电视部提出书面申请。

书面申请应当包括经费、设备、节目储备来源、管理制度、技术参数和人员编制等内容。

第八条 省级人民政府广播电视行政部门申请利用卫星方式传输广播电视节目，应当向广播电影电视部提交以下材料：

（一）书面申请；

（二）省级广播电台、电视台的书面报告；

（三）省级人民政府的批准文件；

（四）资金保障的证明。

第九条 广播电影电视部负责对利用卫星方式传输广播电视节目的申请进行审批。经批准后，方可使用卫星转发器，建设卫星上行站。

第十条 卫星上行站的建设应当符合国家有关规定和标准。工程竣工，由广播电影电视部组织进行工程验收、入网测试、模拟演练。经验收合格后，方可正式向卫星传送节目。

第十一条　卫星广播电视节目应当符合国家法律、法规的规定，坚持正确的舆论导向。

第十二条　卫星广播电视节目不得出现以下内容：

（一）危害国家的统一、主权和领土完整的；

（二）危害国家的安全、荣誉和利益的；

（三）煽动民族分裂，破坏民族团结的；

（四）泄露国家秘密的；

（五）诽谤、侮辱他人的；

（六）宣扬淫秽、迷信或者渲染暴力的；

（七）法律、行政法规规定禁止的其他内容。

第十三条　利用卫星方式传输广播电视节目的广播电台、电视台应当在节目播出前一周向广播电影电视部报送卫星广播电视节目表。

第十四条　利用卫星方式传输广播电视节目的广播电台、电视台应当建立、健全节目审查责任制度，严格审查卫星广播电视节目。

第十五条　广播电视行政部门应当加强对卫星广播电视节目和卫星上行站的监督检查，建立重大事故报告制度。

第十六条　广播电视行政部门设立监测中心，负责对卫星广播电视节目进行监测，并定期报告监测情况。

第十七条　广播电影电视部设立视听评议机构，负责对卫星广播电视节目进行收听、收看和评议，并定期公布评议结果。

第十八条　广播电影电视部在特殊情况下，可以做出关闭卫星转发器的决定。

第十九条　利用卫星方式传输广播电视节目的广播电台、电视台播放本办法第十二条规定禁止内容的节目的，省级以上人民政府广播电视行政部门应当责令其整改，给予警告，收缴其节目载体，并处 1 万元以上 5 万元以下的罚款；情节严重的，由广播电影电视部责令其停止使用卫星转发器，吊销其广播电台、电视台许可证。构成犯罪的，由司法机关依法追究其刑事责任。

第二十条 利用卫星方式传输广播电视节目的广播电台、电视台违反本办法第十三条、第十四条规定的，由广播电影电视部责令其改正。

第二十一条 违反本办法，擅自利用卫星方式传输广播电视节目的，省级以上人民政府广播电视行政部门应当责令其停止违法活动，给予警告，没收违法所得和从事违法活动的专用工具、设备，可以并处 2 万元以下的罚款；情节严重的，由原批准机关吊销其广播电台、电视台许可证。

第二十二条 本办法由广播电影电视部负责解释。

第二十三条 本办法自发布之日起实施。

中国广播电视播音员主持人自律公约

(2005年9月10日广电总局批转中国广播电视协会)

广播电视播音员主持人是广播电视的形象代表,在传播先进文化,弘扬民族精神,维护国家利益,促进社会进步方面担负着不可推卸的责任。

为了更好地贯彻执行国家广播电影电视总局制定的《中国广播电视播音员主持人职业道德准则》,提高职业素养,规范职业行为,制定本自律公约。

一

第一条 自觉遵守《中国广播电视播音员主持人职业道德准则》。

第二条 加强政治理论学习,不断提高政治素养和政策水平,认真落实"以科学的理论武装人,以正确的舆论引导人,以高尚的精神塑造人,以优秀的作品鼓舞人"的要求。

第三条 热爱祖国,热爱人民,全心全意为人民服务,为社会主义服务,为党和国家工作大局服务。

第四条 认真贯彻执行党的路线、方针、政策。自觉遵守宪法和法律、法规,严守国家机密。

第五条 发扬敬业奉献、诚实公正、团结协作的精神,努力做有责任、有道德、有专长的德艺双馨的播音员主持人。

二

第六条 努力钻研业务,更新知识,不断提高业务理论水平和专业素质,努力追求艺术创作的高品位,自觉抵制危害民族精神,损害社会公德的庸俗思想和文化糟粕。

第七条 自觉抵制低级趣味，拒绝可能被青少年模仿造成身心伤害的内容和形式，营造有利于未成年人健康成长的文化环境。

第八条 尊重公民的名誉权、隐私权，尊重和保护未成年人、妇女、老人、残疾人的合法权益。

第九条 以推广普及普通话、规范使用通用语言文字、维护祖国语言和文字的纯洁性为己任，自觉发挥示范作用。

第十条 除特殊需要外，一律使用普通话，不模仿地域音及其表达方式，不使用对规范语言有损害的口音、语调、粗俗语言、俚语、行话，不在普通话中夹杂不必要的外语，不模仿港台话及其表达方式。

第十一条 不断加强语文修养，用词造句要遵守现代汉语的语法规则，语序合理，修辞恰当，不滥用方言词语、文言词语、简称略语或生造词语。

第十二条 力求语言、语调、语音的表达形式与表达内容的一致性。表达要通俗易懂、准确生动、富有内涵、朴素大方，避免艰涩、易生歧义的语言和刻意煽情夸张的表达方式。

第十三条 树立健康向上的声屏形象，尊重大众审美情趣和欣赏习惯。服饰、发型、化妆、声音、举止要与节目（栏目）定位相协调，大方得体，拒绝媚俗。

第十四条 言谈举止要得体，活泼而不轻浮，亲和而不失礼仪，感情真挚而不煽情挑逗。反对扭怩作态、矫揉造作，拒绝粗俗。

三

第十五条 自觉维护广播电视媒体的公信力和播音员主持人的公众形象。自觉约束日常行为，自尊自爱，洁身自好。

第十六条 自觉抵制拜金主义、享乐主义、个人主义的侵蚀，坚决抵制任何形式的有偿新闻。

第十七条 不利用工作、身份之便，直接或间接地为本人、亲属及他人谋取私利。不接受和借用采访对象的钱物。

第十八条 不从事广告和其他经营活动，不从事未经本单位批准的节目主持、录音、录像、配音及以个人赢利为目的的社会活动。

四

第十九条 各级、各地广播电视制作、播出机构的播音员主持人均应遵守本自律公约。

第二十条 遵守本自律公约方能取得《中国广播电视播音主持作品奖暨"金话筒奖"》参评资格。

第二十一条 违犯本自律公约的，将由中国广播电视协会予以通报，并终止其《中国广播电视播音主持作品奖暨"金话筒奖"》入选资格；情节严重者，协会将建议行政主管部门取消其播音主持岗位资格。

第二十二条 本公约解释权属于中国广播电视协会。自颁布之日起执行。

电视剧内容管理规定

国家广播电影电视总局令

第 63 号

《电视剧内容管理规定》经广电总局 2010 年 3 月 26 日局务会议审议通过，现予发布，自 2010 年 7 月 1 日起施行。

国家广播电影电视总局局长
二〇一〇年五月十四日

第一章　总　则

第一条　为了规范电视剧内容管理工作，繁荣电视剧创作，促进电视剧产业的健康发展，根据《广播电视管理条例》，制定本规定。

第二条　从事电视剧内容的制作、发行、播出活动，适用本规定。

第三条　本规定所称电视剧是指：

（一）用于境内电视台播出或者境内外发行的电视剧（含电视动画片），包括国产电视剧（以下简称国产剧）和与境外机构联合制作的电视剧（以下简称合拍剧）；

（二）用于境内电视台播出的境外引进电视剧（含电视动画片、电影故事片，以下简称引进剧）。

第四条　电视剧内容的制作、播出应当坚持为人民服务、为社会主义服务的方向和百花齐放、百家争鸣的方针，坚持贴近实际、贴近生活、贴近群众，坚持社会效益第一、社会效益与经济效益相结合的原则，确保正确的文艺导向。

第五条 电视剧不得载有下列内容：

（一）违反宪法确定的基本原则，煽动抗拒或者破坏宪法、法律、行政法规和规章实施的；

（二）危害国家统一、主权和领土完整的；

（三）泄露国家秘密，危害国家安全，损害国家荣誉和利益的；

（四）煽动民族仇恨、民族歧视，侵害民族风俗习惯，伤害民族感情，破坏民族团结的；

（五）违背国家宗教政策，宣扬宗教极端主义和邪教、迷信，歧视、侮辱宗教信仰的；

（六）扰乱社会秩序，破坏社会稳定的；

（七）宣扬淫秽、赌博、暴力、恐怖、吸毒，教唆犯罪或者传授犯罪方法的；

（八）侮辱、诽谤他人的；

（九）危害社会公德或者民族优秀文化传统的；

（十）侵害未成年人合法权益或者有害未成年人身心健康的；

（十一）法律、行政法规和规章禁止的其他内容。

国务院广播影视行政部门依据前款规定，制定电视剧内容管理的具体标准。

第六条 国务院广播影视行政部门负责全国的电视剧内容管理和监督工作。

省、自治区、直辖市人民政府广播影视行政部门负责本行政区域内的电视剧内容管理和监督工作。

第七条 国务院广播影视行政部门和省、自治区、直辖市人民政府广播影视行政部门应当积极建立和完善电视剧审批管理的电子办公系统，推行电子政务。

第二章 备案和公示

第八条 国产剧、合拍剧的拍摄制作实行备案公示制度。

第九条 国务院广播影视行政部门负责全国拍摄制作电视剧的公示。

省、自治区、直辖市人民政府广播影视行政部门负责受理本行政区域内制作机构拍摄制作电视剧的备案,经审核报请国务院广播影视行政部门公示。

按照有关规定向国务院广播影视行政部门直接备案的制作机构(以下简称直接备案制作机构),在将其拍摄制作的电视剧备案前,应当经其上级业务主管部门同意。

第十条 符合下列条件之一的制作机构,可以申请电视剧拍摄制作备案公示:

(一)持有《电视剧制作许可证(甲种)》;

(二)持有《广播电视节目制作经营许可证》;

(三)设区的市级以上电视台(含广播电视台、广播影视集团);

(四)持有《摄制电影许可证》;

(五)其他具备申领《电视剧制作许可证(乙种)》资质的制作机构。

第十一条 省、自治区、直辖市人民政府广播影视行政部门、直接备案制作机构向国务院广播影视行政部门申请电视剧拍摄制作备案公示,应当提交下列材料:

(一)《电视剧拍摄制作备案公示表》或者《重大革命和重大历史题材电视剧立项申报表》,并加盖对应的公章;

(二)如实准确表述剧目主题思想、主要人物、时代背景、故事情节等内容的不少于1500字的简介;

（三）重大题材或者涉及政治、军事、外交、国家安全、统战、民族、宗教、司法、公安等敏感内容的（以下简称特殊题材），应当出具省、自治区、直辖市以上人民政府有关主管部门或者有关方面的书面意见。

第十二条 国务院广播影视行政部门对申请备案公示的材料进行审核，在规定受理日期后二十日内，通过国务院广播影视行政部门政府网站予以公示。公示内容包括：剧名、制作机构、集数和内容提要等。

电视剧公示打印文本可以作为办理相关手续的证明。

第十三条 国务院广播影视行政部门对申请备案公示的电视剧内容违反本规定的，不予公示。

第十四条 制作机构应当按照公示的内容拍摄制作电视剧。

制作机构变更已公示电视剧主要人物、主要情节的，应当依照本规定重新履行备案公示手续；变更剧名、集数、制作机构的，应当经省、自治区、直辖市人民政府广播影视行政部门或者其上级业务主管部门同意后，向国务院广播影视行政部门申请办理相关变更手续。

第三章 审查和许可

第十五条 国产剧、合拍剧、引进剧实行内容审查和发行许可制度。未取得发行许可的电视剧，不得发行、播出和评奖。

第十六条 国务院广播影视行政部门设立电视剧审查委员会和电视剧复审委员会。

省、自治区、直辖市人民政府广播影视行政部门设立电视剧审查机构。

第十七条 履行电视剧审查职责的广播影视行政部门，应当建立健全审查制度，规范审查程序，落实审查责任；聘请有较高学术水平、良好职业道德的专家对申请审查的电视剧履行审查职责。

第十八条 审查人员应当按照有关规定履行职责，客观公正地提出审查意见。审查人员与送审方存在近亲属等关系、可能影响公正审查，或者参与送审剧目创作的，应当申请回避。

第十九条 国务院广播影视行政部门电视剧审查委员会的职责是：

（一）审查直接备案制作机构制作的电视剧；

（二）审查聘请相关国外人员参与创作的国产剧；

（三）审查合拍剧剧本（或者分集梗概）和完成片；

（四）审查引进剧；

（五）审查由省、自治区、直辖市人民政府广播影视行政部门电视剧审查机构提请国务院广播影视行政部门审查的电视剧；

（六）审查引起社会争议的，或者因公共利益需要国务院广播影视行政部门审查的电视剧。

第二十条 国务院广播影视行政部门电视剧复审委员会，负责对送审机构不服有关电视剧审查委员会或者电视剧审查机构的审查结论而提起复审申请的电视剧进行审查。

第二十一条 省、自治区、直辖市人民政府广播影视行政部门电视剧审查机构的职责是：

（一）审查本行政区域内制作机构制作的、不含国外人员参与创作的国产剧；

（二）初审本行政区域内制作机构制作的、含国外人员参与创作的国产剧；

（三）初审本行政区域内制作机构与境外机构制作的合拍剧剧本（或者分集梗概）和完成片；

（四）初审本行政区域内电视台等机构送审的引进剧。

第二十二条　送审国产剧，应当向省、自治区、直辖市以上人民政府广播影视行政部门提出申请，并提交以下材料：

（一）国务院广播影视行政部门统一印制的《国产电视剧报审表》；

（二）制作机构资质的有效证明；

（三）剧目公示打印文本；

（四）每集不少于500字的剧情梗概；

（五）图像、声音、字幕、时码等符合审查要求的完整样片一套；

（六）完整的片头、片尾和歌曲的字幕表；

（七）国务院广播影视行政部门同意聘用境外人员参与国产剧创作的批准文件的复印件；

（八）特殊题材需提交主管部门和有关方面的书面审看意见。

第二十三条　送审合拍剧、引进剧，依照国务院广播影视行政部门有关规定执行。

第二十四条　省、自治区、直辖市以上人民政府广播影视行政部门在收到完备的报审材料后，应当在五十日内作出许可或者不予许可的决定；其中审查时间为三十日。许可的，发给电视剧发行许可证；不予许可的，应当通知申请人并书面说明理由。

经审查需要修改的，送审机构应当在修改后，依照本规定重新送审。

电视剧发行许可证由国务院广播影视行政部门统一印制。

第二十五条　送审机构对不予许可的决定不服的，可以自收到该决定之日起六十日内向国务院广播影视行政部门提出复审申请。国务院广播影视行政部门应当在收到复审申请五十日内作出复审决定；其中复审时间为三十日。复审合格的，发给电视剧发行许可证；不合格的，应当通知送审机构并书面说明理由。

第二十六条 已经向广播影视行政部门申请审查,但尚未取得电视剧发行许可证的,送审机构不得向其他广播影视行政部门转移送审。

第二十七条 已经取得电视剧发行许可证的电视剧,国务院广播影视行政部门根据公共利益的需要,可以作出责令修改、停止播出或者不得发行、评奖的决定。

第二十八条 已经取得电视剧发行许可证的电视剧,应当按照审查通过的内容发行和播出。

变更剧名、主要人物、主要情节和剧集长度等事项的,原送审机构应当依照本规定向原发证机关重新送审。

第二十九条 国务院广播影视行政部门应当定期将全国电视剧发行许可证颁发情况向社会公告。

第四章 播出管理

第三十条 电视台在播出电视剧前,应当核验依法取得的电视剧发行许可证。

第三十一条 电视台对其播出电视剧的内容,应当依照本规定内容审核标准,进行播前审查和重播重审;发现问题应当及时经所在地省、自治区、直辖市人民政府广播影视行政部门报请国务院广播影视行政部门处理。

第三十二条 国务院广播影视行政部门可以对全国电视台播出电视剧的总量、范围、比例、时机、时段等进行宏观调控。

第三十三条 电视剧播出时,应当在每集的片首标明相应的电视剧发行许可证编号,在每集的片尾标明相应的电视剧制作许可证编号。

第三十四条 电视台播出电视剧时,应当依法完整播出,不得侵害相关著作权人的合法权益。

第五章 法律责任

第三十五条 违反本规定，擅自制作、发行、播出电视剧或者变更主要事项未重新报审的，依照《广播电视管理条例》第四十八条的规定予以处罚。

第三十六条 违反本规定，制作、发行、播出的电视剧含有本规定第五条禁止内容的，依照《广播电视管理条例》第四十九条的规定予以处罚。

第三十七条 违反本规定第二十六条的，省、自治区、直辖市以上人民政府广播影视行政部门对转移申请不予受理；以欺骗等不正当手段取得发行许可证的，由原发证机关撤销电视剧发行许可证；原发证机关有过错的，对直接负责的主管人员和其他直接责任人员，依法给予处分。

第三十八条 广播影视行政部门工作人员违反本规定，滥用职权、玩忽职守、徇私舞弊或者未依照本规定履行职责的，依法给予处分。

第三十九条 审查人员违反本规定第十八条的，由省、自治区、直辖市以上人民政府广播影视行政部门给予警告；情节严重的，不得再聘请其担任审查人员。

第六章 附 则

第四十条 重大革命和重大历史题材电视剧的管理，以及合拍剧、引进剧审批和播出管理，分别依照国家有关规定执行。

第四十一条 本规定自 2010 年 7 月 1 日起施行。2004 年 9 月 20 日国家广播电影电视总局发布的《电视剧审查管理规定》（总局令第 40 号）、2006 年 11 月 14 日国家广播电影电视总局发布的《〈电视剧审查管理规定〉补充规定》（总局令第 53 号）同时废止。

关于支持电视剧繁荣发展若干政策的通知

新广电发〔2017〕191号

各省、自治区、直辖市新闻出版广电局、发展改革委、财政厅（局）、商务厅（委）、人力资源社会保障厅（局）：

为贯彻落实《中共中央关于繁荣发展社会主义文艺的意见》，推出更多思想精深、艺术精湛、制作精良的优秀电视剧，丰富人民群众精神文化生活，现就支持电视剧繁荣发展若干政策通知如下。

一、加强电视剧创作规划。编制2017—2021年电视剧创作生产规划，推出一大批讴歌党、讴歌祖国、讴歌人民、讴歌英雄的精品佳作，发挥示范引领作用。

二、加强电视剧剧本扶持。坚持以社会主义核心价值观为引领，着重扶持重大革命和历史题材、现实题材、农村题材，着重扶持原创，着重扶持计划在重要时间节点播出的选题项目，形成价值内涵和艺术品格相统一的优秀剧本遴选、资助、推介机制。

三、建立和完善科学合理的电视剧投入、分配机制。充分尊重和鼓励原创，在投入和分配上体现创意和知识的价值。行业组织出台电视剧成本配置比例指导意见，引导制作企业合理安排电视剧投入成本结构，优化片酬分配机制。规范购播和宣传行为，维护行业健康发展，严禁播出机构以明星为唯一议价标准。综艺节目、网络剧参照电视剧的规定执行。

四、完善电视剧播出结构。中央电视台综合频道和电视剧频道、各省卫视综合频道、从事电视台形态服务的重点视频网站，每年都要在黄金时段安排播出重大革命历史、农村、少数民族、军事等题材电视剧，大力弘扬时代主旋律，形成各种题材结构比例适当的播出格局。

五、规范电视剧收视调查和管理。规范收视调查活动，确保收视率的调查机构具备合法调查资格，坚决依法严厉打击收视率造假行为，切实维护行业秩序。规范收视数据应用行为，不得将收视率作为购片价格唯一依据，不得以收视率作为评价电视剧优劣和对员工进行奖惩的唯一标准。推动建立基于大数据、云计算的中国特色收视调查体系，引导调查机构完善传统抽样调查、大样本收视调查、跨屏收视等收视调查方法和模式。

六、统筹电视剧、网络剧管理。按照媒体融合的总体思路，对电视剧、网络剧实行同一标准进行管理。对重点网络剧创作规划实行备案管理，加强节目上线前在思想性艺术性上的内容把关，进一步强化播出平台网站的主体责任。鼓励优秀电视剧制作机构积极投入网络剧制作，提升网络剧整体创作水平。鼓励各视听节目网站投资制作、购买、播出优质国产电视剧。规范网上播出影视剧行为，未取得新闻出版广电部门颁发许可证的影视剧一律不得上网播放。

七、支持优秀电视剧"走出去"。积极开展影视领域国际交流与合作，加强电视剧国际合作合拍，打造"电视中国剧场"品牌，促进优秀电视剧和相关影视机构"走出去"，提升中国电视剧的竞争力和影响力。完善电视剧出口激励机制，加大对电视剧出口扶持奖励力度。对符合条件的国产电视剧版权购买、译制、国际版本制作等环节给予支持。每年有计划地组织制作机构参加有国际影响力的国际影视节，设立展台并举办节目推介活动。

加强公共信息服务，为电视剧走出去提供重点国别投资与贸易信息，为影视机构了解海外市场提供帮助。支持有条件的各类实施主体通过并购、合资、合作等方式开办中国影视节目播出频道、时段，在境外兴办实体，建立海外制作和传播平台。

八、加强电视剧人才培养。实施电视剧编剧培训计划，由中央和省区市主管部门、文联、作协及影视行业组织举办编剧创作研讨班、写作班等，完善"深入生活、扎根人民"长效机制，着力培养一批骨干编剧。建立电视剧制作机构主要负责人、制片人、导演的人才培养机制，原则上每五年进行一次系统培训。建立国际合作人才培养机制，通过举办专题研修班、组织国内电视剧制作营销骨干人员赴境外研修培训等形式，着力培养国际合作拍摄、制作、营销人才。建立电视剧基础职业技能人才培训机制，发挥高校、影视学院以及相关职业技术学校的积极作用，认定一批影视职业技能人才培养基地，通过校企联合等方式，加强摄影、录音、美术、服装、化妆、道具、烟火、置景等专业人才的培养，形成适应电视剧发展、门类齐全的专业化队伍，提升电视剧从业人员整体素质。

九、保障电视剧从业人员社会保障权益。电视剧企业应按国家有关规定为职工办理社会保险。拍摄期间应为签订劳动合同的剧组人员参加工伤保险，探索通过按电视剧创作项目参加工伤保险的模式，保障参与电视剧拍摄制作农民工等弱势群体的工伤保险权益，可通过购买商业保险切实提高电视剧从业人员职业风险保障水平，切实维护电视剧从业人员合法权益。鼓励社会团体、社会资本等对电视剧拍摄制作人员因工致伤残等特殊人员进行救助，有条件的可以发起设立电视剧从业人员保障公益基金会。

十、明确新的文艺群体职称评审渠道。新的文艺群体中影视人才的专业技术职称评定工作，由文联、作协等人民团体与相关部门协调配合，积极开展。不得以营利为目的开展职称评审，要不断强化服务意识，提升服务水平。加强职称评审监督，严肃评审纪律，强化评审考核，建立倒查追责机制。

十一、加强电视剧宣传评介。统筹各级各类媒体，做好优秀电视剧宣传推介工作。发挥各级文艺评论组织、研究机构、高等院校的积极作用，支持开展激浊扬清、褒优贬劣的电视剧评论。深化电视剧评奖改革，严格审批程序，规范评奖行为，完善改进评奖激励引导机制。

十二、完善支持电视剧发展的财政投入机制。在明晰政府和市场关系的基础上，通过现有资金渠道，完善投入机制，大力支持电视剧繁荣发展。

十三、引导规范社会资本支持电视剧繁荣发展。创新投入方式，引导和规范企业、社会组织参与电视剧创作生产。

十四、加强组织领导。各级发展改革、财政、商务、教育、人力资源社会保障部门，要高度重视，认真落实关于支持电视剧繁荣发展的各项政策。各级新闻出版广电部门要切实强化责任意识，认真抓好具体实施工作，确保取得实效。各级审计机关要依法切实做好政策措施贯彻落实情况的跟踪审计工作。

特此通知。

国家新闻出版广电总局

国家发展和改革委员会

财政部

商务部

人力资源和社会保障部

2017 年 6 月 26 日

国务院办公厅关于加快推进广播电视村村通向户户通升级工作的通知

国办发〔2016〕20号

各省、自治区、直辖市人民政府，国务院各部委、各直属机构：

广播电视村村通工程实施以来，有效扩大了农村广播电视覆盖面，全国已基本消除广播电视覆盖盲区，解决了广大农村群众听广播难、看电视难的问题。但随着经济社会发展和科学技术水平的提高，广播电视服务供给、服务能力和服务手段还不能满足人民群众日益增长的精神文化需求，与全面建成小康社会的目标还存在一定差距，迫切需要在广播电视村村通基础上进一步提升水平、提质增效，实现由粗放式覆盖向精细化入户服务升级，由模拟信号覆盖向数字化清晰接收升级，由传统视听服务向多层次多方式多业态服务升级。加快广播电视村村通向户户通升级是构建现代公共文化服务体系的重要举措，对于创新和完善城乡广播电视公共产品和服务供给、引领现代文化传播、促进文化和信息消费、提高公民的思想道德和科学文化素质、适应分众化差异化传播趋势具有重要意义。为切实推动广播电视户户通工作，经国务院同意，现通知如下：

一、总体要求

（一）指导思想。全面贯彻党的十八大和十八届二中、四中、五中全会精神，按照党中央、国务院决策部署，坚持以人民为中心的工作导向，以改革创新为动力，以升级发展为主线，以基层为重点，充分发挥中央和地方两个积极性，充分发挥政府和市场作用，大力提升广播电视覆盖能力和服务能力，为满足人民群众广播电视基本公共服务需求提供充分保障，为满足人民群众个性化多样性文化服务需求创造良好环境。

（二）工作目标。统筹无线、有线、卫星三种技术覆盖方式，到2020年，基本实现数字广播电视户户通，形成覆盖城乡、便捷高效、功能完备、服务到户的新型广播电视覆盖服务体系。地面无线广播电视基本实现数字化；有线广播电视网络基本实现数字化、双向化、智能化，全国有线网络整合取得明显成效，实现互联互通；直播卫星公共服务基本覆盖有线网络未通达的农村地区；广播电视基本公共服务达到国家指导标准，市场服务效能进一步提高，基础设施保障能力全面提升，长效机制更加完善。

二、主要任务

（三）全面实现数字广播电视覆盖接收。按照"技术先进、安全可靠、经济可行、保证长效"的原则，兼顾考虑补充覆盖和安全备份的需要，由省级人民政府统筹确定本地区无线、有线、卫星三种技术方式的覆盖方案，因地制宜、因户制宜推进数字广播电视覆盖和入户接收。在有条件的农村鼓励采取有线光缆联网方式，在有线电视未通达的农村地区鼓励群众自愿选择直播卫星、地面数字电视或"直播卫星+地面数字电视"等方式。坚持统一规划、统一标准、统一组织，在统筹频率、标准、网络建设的前提下，推进完成中央广播电视节目的无线数字化覆盖；支持以中国广播电视网络有限公司为主体加快全国有线电视网络整合，尽快实现有线网络互联互通和"全国一张网"；支持直播卫星平台扩容提升公共服务支撑能力，支持地域广阔、传统覆盖手段不足的偏远地区省、市广播电视节目通过直播卫星传输，定向覆盖本省、市行政区域，更好满足群众收听收看贴近性强的广播电视节目的需求。

（四）充分保障基本公共服务。按照国家基本公共文化服务指导标准（2015—2020年），确保通过无线（数字）提供不少于15套电视节目和不少于15套广播节目，通过无线（模拟）提供不少于5套电视节目和不少于6套广播节目；通过直播卫星提供25套电视节目和不少于17套广播节目；有线广播电视在由模拟向数字整体转换过程中，保留一定数量的模拟电视节目供用户选择观看，有条件的地区可确定一定数量的数字电视节目作为基本公共服务项目。中央和各地开办的民族语综合类广播电视节目，应分别纳入相应公共服务保障范围。广播电视播出机构要加强与政府相关部门的合作，开办合办科技致富、农林养殖、知识普及、法治建设、卫生防疫、运动健身、防灾减灾、水利气象、文化娱乐等贴近基层群众需要的服务性广播电视栏目节目，并逐步增加播出时间。

（五）加快建设全国应急广播体系。按照"统一联动、安全可靠、快速高效、平战结合"的原则，统筹利用现有广播电视资源，加快建立中央和地方各级应急广播制作播发和调度控制平台，与国家突发事件预警信息发布系统连接。升级改造传输覆盖网络，布置应急广播终端，健全应急信息采集发布机制，形成中央、省、市、县四级统一协调、上下贯通、可管可控、综合覆盖的全国应急广播体系，向城乡居民提供灾害预警应急广播和政务信息发布、政策宣讲服务。

（六）大力提升基础设施支撑保障能力。按照广播电视工程建设标准和相关技术标准，加快推进县级及以上无线发射台（转播台、监测台、卫星地球站）等基础设施建设，满足广播电视安全播出和监测监管需要；加强基层广播电视播出机构基础设施和服务能力建设，提升公共服务保障能力。在推进基层综合性文化服务设施建设时，充分考虑农村广播室、广播电视设施设备维修维护网点需求。充分利用现有基础设施,加强有线电视骨干网和前端机房建设,采用超高速智能光纤传输和同轴电缆传输技术,加快下一代广播电视网建设,提高融合业务承载能力。

(七)引导培育个性化市场服务。鼓励各地在基本公共服务节目基础上,通过政策引导、市场运作等多种手段增加公益节目、付费节目和其他增值服务。鼓励广电、电信企业及其他内容服务企业,以宽带网络建设、内容业务创新推广、用户普及应用为重点,开展智慧城市、智慧乡村、智慧家庭建设,发展高清电视、移动多媒体广播电视、交互式网络电视(IPTV)、手机电视、数字广播、回看点播、电视院线、宽带服务、网络电商等新兴业务和服务,满足群众多样化、多层次文化信息需求,促进文化信息消费,带动关键设备、软件、系统的产业化,催生新的经济增长点。

(八)深入推进长效机制建设。加快建立政府主导、社会化发展的广播电视公共服务长效机制,逐步形成"县级及以上有机构管理、乡镇有网点支撑、村组有专人负责、用户合理负担"的公共服务长效运行维护体系。采取政府购买、项目补贴、定向资助、贷款贴息等政策措施,支持各类社会组织和机构参与广播电视公共服务。依托基层综合性文化服务中心,整合基层广播电视公共服务资源,推进广播电视户户通,提供应急广播、广播电视器材设备维修等服务。规范有线电视企业、直播卫星接收设备专营服务企业运营服务行为,组织开展运营服务质量评价,促进服务水平不断提升。

三、政策保障

(九)加大资金投入。按照分级负责原则,中央和地方各级人民政府分别负责本级无线发射台(站)、转播台(站)、监测台(站)等广播电视公共设施和机构的建设改造和运行维护资金,中央财政通过现有渠道安排转移支付资金,对地方按有关规定转播中央广播电视节目予以适当补助，支持地方统筹推进包括广播电视户户通在内的公共文化服务体系建设。

（十）完善支持政策。稳妥开展直播卫星除基本公共服务节目外其他增值服务的市场化运营试点，在满足用户基本收视需求的基础上提供更丰富的节目选择，并处理好基本公共服务与增值服务的关系。在国家广播电视机构控股51%以上的前提下，鼓励其他国有、集体、非公有资本投资参股县级以下新建有线电视分配网和有线电视接收端数字化改造。鼓励广电、电信企业参与农村宽带建设和运行维护，鼓励建设农村信息化综合服务平台。城乡规划建设要为广播电视网预留所需的管廊通道及场地、机房、电力设施等，网络入廊收费标准可适当给予优惠。加大政府向社会购买服务力度，鼓励社会机构参与公益性广播电视节目制作、公益性广播电视专用设施设备维修维护等，有条件的地方可根据实际情况，向特殊群体提供有线电视免费或低收费服务。

四、组织领导

（十一）强化政府责任和协调配合。地方各级人民政府是本地区推进广播电视村村通向户户通升级工作的责任主体，要切实加强组织领导，成立政府分管负责同志牵头、新闻出版广电部门负责组织实施、发展改革和财政等有关部门参加的领导小组，形成政府统一领导、部门密切配合的工作推进机制。要切实把做好广播电视户户通相关基本公共服务纳入地方各级人民政府的工作日程，纳入地方经济社会发展总体规划和文化改革发展专项规划，纳入公共财政支出预算，纳入扶贫攻坚计划，作为干部综合考核评价的重要参考，确保各项目标任务顺利完成。

（十二）加强资金保障和督促检查。各级新闻出版广电、发展改革、财政等部门要切实履行职能，提高服务水平。要按照职责统筹安排所需资金，加强资金管理和审计监督，提高资金使用效益，确保专款专用，不得截留和挪用；加强基层队伍和人员培训，使广播电视专兼职人员掌握必备的专业技能；加强工程监督管理和验收检查，确保广播电视服务质量和水平。

《国务院办公厅关于进一步做好新时期广播电视村村通工作的通知》（国办发〔2006〕79号）同时废止。此前有关规定与本通知不一致的，按本通知执行。

国务院办公厅
2016年4月5日